KB060852

불가리아

BULGARIA

불가리아

BULGARIA

줄리아나 츠베트코바 지음 ㅣ 금미옥 옮김

세계의 **풍습과 문화**가
궁금한 이들을 위한
필수 안내서

시그마북스
Sigma Books

세계 문화 여행 _ 불가리아

발행일 2024년 3월 15일 초판 1쇄 발행
지은이 줄리아나 츠베트코바
옮긴이 금미옥
발행인 강학경
발행처 시그마북스
마케팅 정제용
에디터 김은실, 최연정, 최윤정, 양수진
디자인 김은경, 김문배, 강경희

등록번호 제10-965호
주소 서울특별시 영등포구 양평로 22길 21 선유도코오롱디지털타워 A402호
전자우편 sigmabooks@spress.co.kr
홈페이지 http://www.sigmabooks.co.kr
전화 (02) 2062-5288~9
팩시밀리 (02) 323-4197
ISBN 979-11-6862-207-4 (04900)
        978-89-8445-911-3 (세트)

CULTURE SMART! BULGARIA

Cover image: *Orthodox Rila Monastery, a cultural heritage monument in the Rila Nature Park mountains.* © Shutterstock by Dennis van de Water.
Shutterstock: 14 by Todor Stoyanov; 16 by rustamank; 17 by Jasmine_K; 18 by anselmus; 19 by Mila Drumeva; 25 by stoyanh; 26 by Multipedia; 29 by Valentin Valkov; 55 by RossHelen; 70 by Dmitry Leonov; 100 by R R; 102 by plamens art; 109 by Marina Kuma; 112 by Stefan Kunchev Kunchev; 114 by Max Bukovski; 116 by Nataliya Nazarova; 118 by SSokolov; 126 by Mira Rahneva; 128 by RENATOK; 144 by Krasimir Kanchev; 147 by artfoto53; 149 by Anna Pekunova; 152 by R R; 156 by stoyanh; 162 by Ungvari Attila; 164 by Robert Mullan; 165 top by Natallya Naumava; 165 middle by Matyas Rehak; 165 bottom by Nikolay Dimitrov – ecobo; 170–171 by trabantos; 173 by nikolay100; 178 by Victor Joly; 179 by Alex Bogatyrev; 181 by Takashi Images; 182 by eivanov; 190 by LMspencer; 191 by Ju1978; 194 by ffly; 222 by GerYD; 233 by vicspacewalker; 238 by Kostas_Anastassiu.
Unsplash: 135 by Fred Moon; 184 by Georgi Kyurpanov; 204 by Daniel Mitev.
Creative Commons Attribution-Share Alike 3.0: 54 by Peter Koard.
Creative Commons Attribution-Share Alike 4.0 International: 49.
Public Domain: 39, 40.

불가리아 전도

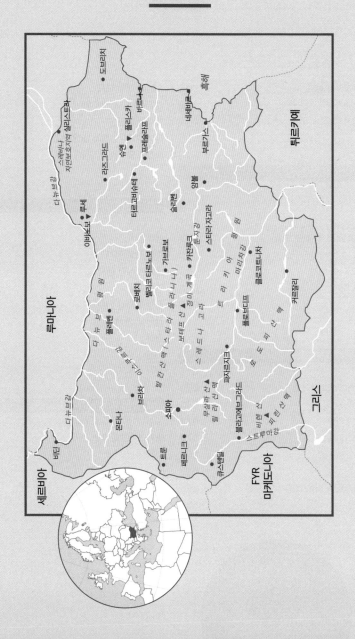

차 례

- 불가리아 전도　　　　　　　　005
- 들어가며　　　　　　　　　　008
- 기본정보　　　　　　　　　　011

01　영토와 국민

지형　　　　　　　　　　　　　015
기후　　　　　　　　　　　　　021
지역별 특징 및 주요 도시　　　024
국민　　　　　　　　　　　　　030
불가리아의 역사　　　　　　　034
코로나19　　　　　　　　　　　065
경제　　　　　　　　　　　　　067

02　가치관과 사고방식

불가리아인의 세계관　　　　　071
가족의 가치　　　　　　　　　073
여성의 역할　　　　　　　　　076
환대와 관대함　　　　　　　　079
종교　　　　　　　　　　　　　081
지역주의, 애국주의, 쇼비니즘　083
다른 사람에 대한 태도　　　　085
직업관　　　　　　　　　　　　087

시간에 대한 태도　　　　　　　088
개인주의와 집단주의　　　　　090
합리성과 감성　　　　　　　　092
나이, 지위, 권력에 대한 존경　094
도전에 맞서는 MZ 세대　　　　096

03　관습과 전통

공휴일　　　　　　　　　　　　101
주요 종교 행사　　　　　　　　101
중요한 시민 행사　　　　　　　108
영명축일　　　　　　　　　　　111
자연 축제와 민속 축제　　　　113
결혼식, 출생, 작명　　　　　　117
장례　　　　　　　　　　　　　120
미신　　　　　　　　　　　　　121

04　친구 사귀기

불가리아인의 우정　　　　　　127
사람들 만나기　　　　　　　　130
호의와 올바른 인맥　　　　　　132
사회생활　　　　　　　　　　　134
가정에 초대받았을 때　　　　　135
선물하기　　　　　　　　　　　137
데이트　　　　　　　　　　　　138

05 가정생활

가족	145
주택	146
불가리아 가정의 내부	148
하루 일과	151
생활비	153
21세기 교육	155
고용	158

06 여가생활

외식	163
밤 문화	168
음악, 영화, 그리고 극장	169
축제	174
스포츠	177
소피아와 주변에서 꼭 가봐야 할 관광지	180

07 여행, 건강, 그리고 안전

입국	185
통화 문제	188
소피아 둘러보기	189
소피아 외곽 여행	192
보건 의료	198
안전	200
경찰	201

08 비즈니스 현황

직장 문화	205
회의 일정 잡기	205
인사와 첫인상	207
프레젠테이션	209
협상	210
비즈니스 식사	212
계약 및 이행	213
분쟁 처리	214
비즈니스 선물	215
여성 기업인	218

09 의사소통

언어	223
일상 언어	224
보디랭귀지	226
유머	227
미디어	230
인터넷과 소셜미디어	232
서비스	235
결론	236
• 유용한 앱	239
• 참고문헌	241

불가리아는 유럽에서 가장 오래된 국가에 속하지만, 유럽연합^{EU} 회원국 자격은 2007년 1월 1일에 얻었다. 불가리아인을 가장 잘 묘사한 단어가 있다면 바로 '자부심'이다. 서기 681년에 건국된 불가리아는 건국 이후 한 번도 국명을 바꾸지 않은 가장 오래된 유럽 민족 국가임을 자부한다. 키릴 문자를 세상에 처음 선보였고 최초의 전자손목시계, 전자디지털컴퓨터를 만들었으며, 20세기 최고의 오페라 가수를 여럿 배출한 나라이기도 하다. 무엇보다 불가리아인은 유구한 역사와 국토가 선사하는 아름다운 자연을 자랑스러워한다. 그만큼 불가리아를 '천국'에 비유하는 문장을 자주 볼 수 있다.

발칸반도에 위치한 불가리아는 유럽과 아시아가 만나는 지점에 자리하고 있어 고대 문화의 용광로 역할을 했다. 현재, 불가리아 영토를 가로지르는 네 개의 범유럽 운송로는 서유럽과 동유럽 및 남유럽, 아시아를 연결한다. 신석기 시대와 그리스·로마 시대부터 외세의 침략과 이민자의 유입을 겪으면서 불가리아는 독특한 문화 모자이크를 형성하게 되었다. 7세기에 불가리아 제국은 발칸반도를 지배했으며 슬라브 문화 강국이었다. 나중에 오스만에게 정복당하고 소비에트의 지배를 받은 일은 불가리아의 국민 정서에 큰 영향을 미쳤다.

불가리아의 다채로운 전통은 고대 이교도였던 과거와 12세기 동안 정통 기독교였던 역사에 그 뿌리를 두고 있다. 불가리아에서는 행운을 가져온다는 뒤로 걷기, 즉 수로바카네 의식을 거행하며 새해를 시작한다. 불가리아인은 와인 주조 수호성인 트리폰 자레잔, 붉은 실과 하얀 실로 짠 마르테니차 장식이 헤질 때 겨울의 끝을 알리는 바바 마르타와 같은 영명축일을 기념하고 슬라브 문자의 날, 불가리아 계몽 및 문화의 날, 그 외 다양한 기념일을 기린다. 불가리아인은 많은 사람이 모이게 되는 성대한 파티에 걸맞은 환대와 따뜻함, 잘 차려진 테이블, 활기찬 음악으로 유명하다. 느긋하고 유머가 풍부한 불가리아인은 새로운 친구를 잘 사귀고 옛것을 소중히 여길 줄 안다.

오늘날 불가리아의 해변과 겨울 휴양지에는 많은 방문객이 찾아오고 있으며 급속한 경제 발전 덕분에 전 세계의 투자자들이 불가리아로 몰려들고 있다. 이 책은 휴가객, 모험가, 사업가, 고대 문화 및 예술 애호가를 위한 책이다. 이 책을 통해 독자는 작지만 아름다운 땅과 그곳에 사는 다양한 사람들을 친근하게 느끼게 될 것이다. 이 책은 불가리아 초기 사회에 영향을 끼친 사건들과 불가리아 사람들이 내·외국인과 상호작용하는 방식을 설명한다. 또한 이 흥미로운 나라에서 당신의 여정이 순조롭게 이어지고 경험이 깊어지도록 중요한 통찰과 실용적 조언을 제공할 것이다.

친구여, 불가리아에 온 당신을 환영한다!

공식 명칭	불가리아 공화국	최초의 민주 선거를 치른 후 1991년에 채택한 국명이다.
인구	683만 5,000명	공산주의 몰락 후 국경을 개방한 1989년 이후 150만 명 이상이 해외로 이주하거나 일자리를 찾아 떠났다.
수도	소피아(1879년 이후). 인구는 대략 150만 명이다.	1376년 이후 소피아로 불렸다. 그 이전에는 세르디카(로마), 트리아디차(비잔틴!), 스레데츠(불가리아)로 불렸다.
주요 도시	플로브디프, 바르나, 부르가스	
면적	110,994km²(남한의 약 11배)	
국경	루마니아, 세르비아, 마케도니아, 그리스, 튀르키예와 국경을 맞대고 있다.	흑해, 다뉴브강(대부분 루마니아와 인접함)
기후	대륙성 기후지대(북부) 습한 아열대 기후(동부) 지중해(남부)	대륙성 기후지대에는 4계절이 있고 남부와 해안 지역은 더 온화한 날씨 패턴을 보인다.
통화	Lev(BGN) 1레프=100스토틴키 1레프=약 370원	레프는 유로에 연동된다. 1유로=1,955레프(BGN)(лв) 불가리아는 2024년 유로존 가입을 기대하고 있다.
민족 구성	불가리아인 85%, 튀르키예인 8.8%, 롬인 4.9%, 마케도니아인, 타타르인 및 아르메니아인 0.4%	
언어	불가리아어(공식어), 튀르키예어, 롬어(소수)	공식 문자는 키릴 문자

종교	주요 종교: 정통 기독교 기타: 이슬람교, 유대교, 가톨릭교, 개신교	
정부	의회공화제, 의회(나로드노 사브라니)는 4년마다 선출되는 240명의 의원으로 구성된다.	장관회의에 집행권이 있으며 대통령은 5년 임기 직접선거로 선출한다.
매체	국영TV 및 민간 텔레비전 네트워크, 국영TV: BNT (BNT1, BNT2, BNT World)	민영TV: bTV(6개 채널), TV7(2개 채널), NOVA 텔레비전, DIEMA(5개 채널)
인쇄 및 디지털 언론	불가리아 뉴스 에이전시, 불가리아 뉴스네트워크(BNN), 프로그 뉴스(문화, 스포츠, 관광), Novinite.com(주요 뉴스 제공사)	미디어 타임스 리뷰(온라인 잡지), 소피아 에코(주간지), 스탠다트 뉴스(온라인 영어판)
전기	220V, 50Hz	유럽 표준 c 타입 플러그, 북아메리카와 영국의 가전제품을 사용하려면 어댑터가 필요하다.
전화	불가리아 국가번호 +359	소피아 지역번호 02, 플로브디프 지역번호 04
시간대	동부 유럽 표준시(EET), UTC/GMT+2시간. 서울보다 7시간 늦다.	동부 유럽 하계 표준시(EEST) UTC/GMT+3시간

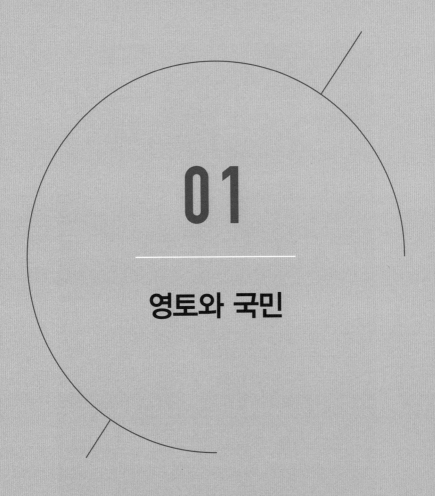

01

영토와 국민

불가리아는 유럽에서 열여섯 번째로 큰 나라이다. 남쪽으로는 그리스와 튀르키예, 서쪽으로는 세르비아와 마케도니아 및 몬테네그로가 속한 구유고슬라비아 공화국이 이웃하고 있으며, 북쪽으로는 다뉴브강을 경계로 루마니아를 마주하고 있고 동쪽으로는 흑해 해안이 뚜렷한 국경선을 나타낸다. 국토의 65% 이상이 평원과 고원지대로 덮여 있고 나머지의 25%는 산악지대이다.

지형

발칸반도 북동쪽 유럽 남동부에 있는 불가리아 공화국은 유럽에서 열여섯 번째로 큰 나라이고 국토 면적은 110,994km² 이다. 남쪽으로는 그리스와 튀르키예, 서쪽으로는 세르비아와 마케도니아 및 몬테네그로가 속한 구유고슬라비아 공화국이 이웃하고 있으며, 북쪽으로는 다뉴브강을 경계로 루마니아를 마주하고 있고 동쪽으로는 흑해 해안이 뚜렷한 국경선을 나타낸다. 비교적 작은 규모지만 불가리아에는 놀랍도록 다양한 지형이 있다. 국토의 65% 이상이 평원과 고원지대로 덮여 있고 나머지의 25%는 산악지대이다. 국토의 북쪽에서 남쪽까지 크게 네 개 지역으로 이루어져 있다.

루마니아와 맞닿은 불가리아의 북쪽 국경을 대부분 차지하고 있는 다뉴브강은 남쪽으로 뻗어나가 광활한 고원지대를 관통하여 발칸산맥에 가 닿는다. 다뉴브 평원은 서쪽으로는 세르비아 국경, 동쪽으로는 흑해 북부 해안까지 펼쳐져 있다. 이 평원은 강을 따라 절벽으로부터 완만하게 높아져 950m 높이에서 발칸산맥과 만난다. 다뉴브 평원은 불가리아에서 가장 비옥한 토양을 품고 있어서 밀, 해바라기, 포도, 사탕무, 담배

흑해 해안 도시 소조폴의 성벽

가 주로 이곳에서 생산된다.

발칸산맥은 세르비아의 티목 밸리에서부터 서부 중앙 불가리아의 소피아 분지까지 뻗어있고 거기서부터 동쪽으로 흑해에 닿는다. 산맥의 길이는 약 600km이며 너비는 약 50km이다. 가장 높은 지점인 보테프 산의 높이는 2,376m이다. 이 산맥이 흑해에 닿으면 케이프 에미네처럼 돌출되어 곶을 이룬다. 불가리아에서 스타라 플라니나(오래된 산)로 불리는 발칸산맥은

벨로그라드치크의 장엄한 바위

화강암과 결정질 암석으로 되어 있으며 고품질 목재로 유명해진 이곳의 숲은 상당 부분 삼림 벌채가 이루어졌다.

발칸산맥을 기준으로 불가리아에는 거의 동일한 두 개의 배수 시스템이 있다. 더 큰 면적을 차지하는 시스템에서는 다뉴브강을 거쳐 북쪽의 흑해로 배수가 이루어진다. 여기에는 다뉴브 평원 전체와 해안선에서 내륙으로 뻗어있는 토지가 포함된다. 두 번째 시스템에서는 트라키아 평원과 남쪽 및 남서

로도피산맥의 아르다강

쪽 고지대의 거의 모든 곳에서 에게해로 배수된다. 불가리아
에서 항해할 수 있는 강은 다뉴브강 하나뿐이지만, 수력 발전
과 관개 시설에 이용되는 여러 강과 하천이 있다.

발칸산맥 남쪽에는 로랜드와 스레드나 고라가 있다. 이 산
맥의 길이는 약 160km에 달하며 그다지 높지 않은 좁은 능선
이다. 비옥한 계곡 중 장미 계곡은 장미유 생산으로 가장 유명
하다. 발칸산맥과 스레드나 고라의 남쪽 경사면들이 합쳐지면

릴라 산의 풍경

서 트라키아 평원을 이룬다. 삼각형 모양에 가까운 이 평원은 소피아 근처 산들의 동쪽에서부터 점점 넓어져 동쪽으로 흑해까지 이어진다. 여기에는 마리차강 계곡과 강에서 흑해까지 이어지는 저지대가 포함된다. 다뉴브 평원과 마찬가지로 트라키아 평원도 대부분 고르지 않지만 거의 모든 지형이 경작 가능하여 과일과 채소의 산지가 되며 주요 와인 제조지역이기도 하다. 남쪽으로는 평야가 로도피산맥의 기슭에 이르며, 이 산악지대는 비교할 수 없는 아름다움과 풍부한 수자원, 아연과 납 등의 광물로 유명하다.

로도피산맥은 능선계와 협곡들로 이루어져 불가리아의 가장 큰 산지를 형성하며, 14,500km²에 걸쳐 분포한다. 그중 83%는 불가리아 영토에 해당하며 나머지는 그리스에 속한다. 서쪽의 로도피산맥은 두 개의 산으로 이루어져 있으며 하나는 소피아 남쪽의 릴라 산, 나머지 하나는 불가리아 남서부 가장자리에 있는 피린 산이다. 릴라산맥에는 발칸반도에서 가장 높은 산인 무살라(2,975m) 산이 있다. 릴라에는 높이 2,600m가 넘는 봉우리가 십여 개 더 있으며 삼림한계선 위로 드문드문 드러난 바위와 빙하 호수들이 눈에 띈다. 반면 더 낮은 봉우리들은 고산 식물로 뒤덮여 초원을 이루고 있어서 산맥 전체는 아름다운 초록색을 띤다. 릴라 산에는 200개가 넘는 호수와 많은 광천이 있다. 이 산의 가장 유명한 관광지는 릴라의 세븐 레이크와 릴라 국립공원이다. 피린산맥은 바위 봉우리와 돌이 많은 경사면이 특징이다. 최고봉인 비렌(2,915m) 산은 불가리아에서 두 번째로 높은 산이다.

기후

작은 면적에도 불구하고 불가리아에는 다양하고 복잡한 기후가 있다. 불가리아는 뚜렷하게 구별되는 대륙성 기후와 지중해성 기후 지대 사이에 위치한다. 산과 계곡은 대륙성 기단의 장벽이나 통로가 되어 군데군데 다른 패턴으로 날씨에 영향을 미치며 몇 시간 만에 날씨가 갑자기 변하는 일이 흔하다. 불가리아에는 대륙성 기후 지대에 속하는 곳이 더 많다. 대륙성 기단과 저지대 다뉴브 평원 사이에 장벽이 없기 때문이다. 시원한 대륙성 기단은 많은 눈을 만드는 반면, 지중해성 기후는 늦여름 동안 큰 영향을 끼치면서 덥고 건조한 날씨를 보인다. 발칸산맥의 장벽 효과는 불가리아 전체에서 느낄 수 있다. 평균적으로, 불가리아 북부는 불가리아 남부의 평원과 계곡보다 기온이 약 1도 더 낮고 비는 약 192mm 더 많이 내린다. 흑해가 기후에 미치는 영향은 해안과 가까운 지역에 국한된다.

발칸산맥은 대륙성 기단의 자유로운 순환을 막는 반면 로도피 산지는 지중해 날씨의 영향을 월등히 많이 받는 곳의 북쪽 경계가 된다. 그 사이에 있는 북트라키아 평원은 두 가지 기후가 복합적으로 나타나며 대륙성 기후가 우세하다. 이 복합적인 기후 때문에 여름이 길고 습도가 높은 뚜렷한 날씨를 보인다. 기류가 이동하는 지역이어서 평균 기온과 강수량은 예측 불가하며 이 지역의 기후는 일반적으로 같은 위도의 유럽 다른 지역보다 더 혹독하다.

불가리아의 연평균 강수량은 약 630mm이다. 북쪽과 남쪽의 평원, 흑해 해안 지역, 북부 트라키아 평원의 작은 일부 지역은 일반적으로 강수량이 500mm에 못 미친다. 산지에 비가 가장 많이 오며 매년 평균 2,540mm가 넘는 비가 내린다.

수도인 소피아는 계곡분지에 있어서 특히 겨울에는 나쁜 공기를 수반하는 기온역전(고도가 높아짐에 따라 기온이 증가하는 현상-옮긴이)이 일어나지만 그 고도(530m) 덕분에 여름에는 온화하고 습도도 견딜 만하다. 관통형 분지로 둘러싸인 산들이 북쪽의 유럽풍을 막아주기도 한다. 소피아의 1월 평균 기온은 0°C, 8월은 22°C이다. 강우량은 불가리아의 평균에 가깝다.

일반적으로 겨울은 춥고 눈이 많이 오며 남쪽 지역은 더 온화하다. 기온이 몇 주 동안 영하에 머물기도 한다. 겨울 평균 기온은 북쪽 지역의 경우 약 1°C이고 남쪽은 −4°C이다. 눈보라가 자주 일어나고 주로 북쪽 지역이 심하다. 2008년 1월 2일에는 스비슈토프에 거의 하루 만에 103cm의 눈이 내렸다.

최저 기온을 기록한 곳은 트룬 근처 소피아 서쪽 지역으로 −38.3°C를 기록했다.

가장 높은 산은 불가리아의 남서쪽에 있는 릴라 산과 프린 산이며 해발 1,000m인 이 지역은 고산 기후를 보인다. 스트루 마와 마리차강 계곡의 가장 남쪽 지대는 로도피산맥 동쪽 지역처럼 습한 아열대 기후를 보이며 일조량이 많다. 불가리아의 최남단 지역이 가장 따뜻하며 여름에는 기온이 30°C를 넘을 때가 많다.

흑해 해안 기후는 더 온화하지만 겨울에는 강풍과 사나운 국지성 집중호우가 자주 내린다. 다뉴브강을 끼고 찾아오는 겨울은 혹독하게 춥지만, 그리스와 튀르키예 국경을 따라 자연적으로 보호되는 낮은 계곡들은 지중해나 에게해 연안을 끼고 있는 지역만큼 온화할 때도 있다.

불가리아의 태양은 정말 신비롭다. 0°C의 쌀쌀한 봄이나 가을 아침 날씨로 시작하여 오후에는 놀랍도록 따뜻하고 반가운 22°C의 따뜻한 날씨로 바뀔 수 있다. 이와 마찬가지로, 산지에서는 밝고 화창한 겨울 한낮에 기온이 20°C까지 올라갈 수 있다. 여기에 적응하는 가장 좋은 방법은 옷을 여러 겹 입고 빠르게 변화하는 날씨 패턴에 대비하는 것이다.

지역별 **특징** 및 주요 도시

【 불가리아 서부지역 】

남서쪽에 있는 무살라 산은 불가리아와 발칸반도에서 가장 높은 산맥에 있는 릴라 산의 눈부시도록 아름다운 빙하 호수로 둘러싸여 있으며, 유럽에서 여섯 번째로 높은 산이다. 산지에는 이 지역에서 가장 중요한 문화, 건축, 역사적 기념물이자 1983년 세계문화유산으로 등재된 릴라 수도원이 자리 잡고 있다.

근처에는 또 다른 세계문화유산인 피린국립공원이 있다. 이곳은 독특한 동식물과 아름다운 풍경을 볼 수 있는 12개 국립 자연보호구역 중 하나이며 여름에는 트레킹을, 겨울에는 스키를 즐기기 좋은 곳이다.

소피아는 역사적으로 서유럽과 동로마를 연결하는 통로에 위치한다. 로마 시대 이후 전략적 중요성 때문에 소피아는 주요 상업 및 군사 중심지가 되었으며 발칸반도 역사에서 중요한 역할을 했다. 현재 소피아에는 150만 명이 넘는 불가리아인이 살고 있으며 이들은 수많은 극장, 오페라 하우스, 영화관, 콘서트홀, 국립 발레단과 교향악단이 제공하는 풍부하고 활기

찬 문화생활을 누리고 있다. 소피아는 불가리아의 정치와 비즈니스의 중심지이기도 하다.

【 불가리아 북부지역 】

다뉴브 평원은 거의 불가리아 북부지역 전체에 걸쳐 있는 주요 곡창지대이다. 포도밭의 30%가 있는 이 지역은 카베르네소비뇽으로도 유명하며 여전히 손으로 포도를 수확한다. 구

불가리아 북동부 슈멘에 있는 100m 높이의 마다라 기수상 암석 부조

리, 망간, 갈탄, 석유가 풍부하고 세계문화유산으로 지정된 곳이 두 군데 있다. 한 곳은 자연보호구역이자 비아 폰티카 철새 이동 경로에 있는 호수 스레바르나이고 다른 한 곳은 단단한 바위를 깎아 만든 교회, 예배당, 수도원이 한 덩어리를 이루는 이바노보 교회이다. 불가리아의 가장 소중한 상징인 마다라 기수상은 중세 초기의 암석 부조 작품으로 불가리아 북동부의 슈멘시 인근에서 볼 수 있으며 세계문화유산으로 등재되었다.

루세는 다뉴브강 유역에 있는 주요 도시이다. 유럽연합의

루세 도심의 역사적 건축물

가장 긴 수로에 있다는 전략적 위치 때문에 문화, 상업, 산업의 중요한 중심지가 되었다. 인구는 18만 명으로 불가리아에서 다섯 번째 큰 도시이며 아름다운 건축 덕분에 '작은 비엔나'로 알려져 있다.

【 불가리아 남부지역 】

비옥한 트라키아 평원에는 과일과 채소가 풍부하며 이곳의 포도밭과 와이너리는 디오니소스 신비주의 시대부터 와인을 생산해 왔다. 지금까지도 고대 트라키아인의 후손은 와인과 음악, 춤을 즐기며 걱정과 두려움을 떨쳐낸다. 마리차강이 로도피산맥과 스레드나 고라 사이로 뻗어나가며 굽이쳐 흐르는 트라키아 평원에는 세계적으로 유명한 카잔루크의 트라키아인 무덤과 같은 수많은 무덤이 있으며, 이곳은 1979년 세계문화유산으로 지정되었다.

유럽에서 사람이 꾸준히 살았던 정착지 중 네 번째로 오래된 도시인 플로브디프의 시초는 BC 6000년으로 거슬러 올라간다. 이 도시의 역사는 일곱 개의 다양한 이름에서도 알 수 있듯이 매혹적인 시간 여행을 선사한다. 일곱 개의 언덕으로 이루어진 이곳에서는 여름이면 몇 개월 동안 일조량이 많고 습한 아열대 기후를 즐길 수 있다.

트라키아 평원의 남쪽에는 매우 아름답고 풍부한 역사를 지닌 로도피산맥이 솟아 있다. 중세의 성, 교회, 수도원, 전통적인 중세 건축물이 있는 그림 같은 마을 페르페리콘과 벨린타쉬의 고대 트라키아 유적지는 방문객의 마음을 사로잡는다. 이 산맥에는 발칸반도에서 규모가 가장 큰 침엽수림이 있으며 광천과 수자원이 풍부하다. 기후는 온화하며 지중해의 영향을 받는다.

【 불가리아 동부지역 】

불가리아 흑해 연안은 햇빛에 굶주린 서유럽 내륙 국가 사람들이 즐겨 찾는 명소일 뿐만 아니라 130km가 넘는 황금빛 백사장이 있어서 불가리아인들에게도 가장 매력적인 여름 휴양지이다. 1989년 이전에 이곳은 레드 리비에라로 알려졌으나 지금은 불가리아 리비에라로 불린다. 역사 애호가들은 세계문화유산이기도 한 네세바르와 같은 고대 도시에 매료될 것이다. 5월부터 10월까지 이어지는 습한 아열대 기후와 길고 무더운 여름이 있는 흑해 연안은 느긋하게 휴식을 취하기에 이상적인 장소이다.

불가리아 동부 바르나에 있는 성모승천 대성당

    불가리아에서 세 번째로 큰 도시인 바르나는 불가리아 흑해 연안에서는 가장 큰 도시이다. BC 4,500년부터 있었던 바르나의 항구 근처에서는 1972년에 세계 최고의 황금 유물이 발견되었다. 현재 바르나는 해군과 상업용 선박이 주로 이용하는 항구이며 수많은 국내외 문화 행사를 개최하는 곳이다.

국민

불가리아인은 주로 남동부 슬라브 민족에 속한다. 한편으로는 로마 제국과 비잔틴 제국의 옛 트라키아 지방 주민들의 후손이고, 다른 한편으로는 초기 슬라브족과 원시 불가르족의 후손이다. 서기 700년에 100만 명 이상으로 추정되었던 불가리아의 인구는 소아시아에서 온 오스만 침략자에게 항복할 때까지 600년 동안 260만 명으로 늘어났다.

1980년대 불가리아의 인구는 900만 명에 가까웠으나 불가리아 튀르키예족의 추방, 공산주의 정권 붕괴 이후 100만 명 이상의 이주, 꾸준히 감소하는 출산율로 인해 2021년 인구는 652만 314명에 그쳤다. CIA 월드팩트북에 따르면 불가리아는 국내총생산GDP 부문에서 227개 국가와 지역 중 74위, 인구 증가 부문에서는 231개국 중 226위를 기록했으며, 2022년 인구 증가율은 마이너스 0.67%를 기록했다.

급격한 인구 감소는 심각한 문제이다. 너무 많은 불가리아 젊은이들이 해외 유학을 떠난다고 우려할 만한 이유는 EU 국가 중 에스토니아를 제외하면 불가리아보다 이민 비율이 높은 나라는 없다는 것이다. 1989년에는 급격한 정치 변화의 여파로 고숙련 인재와 고등 교육을 받은 많은 사람이 불가리아를 떠났기 때문에 심각한 두뇌 유출이 발생했다. 불가리아인이 지구상에서 사라질 운명이라는 두려움도 널리 퍼졌다. 이는 2050년 무렵이면 불가리아인이 500만 명도 채 남지 않아 현재의 슬라브 기독교 정교회 다수가 소수로, 롬인과 튀르키예인 소수가 다수가 될 것이라는 일부 전문가의 의견에 바탕을 두고 있다. 이러한 비관주의는 매우 회의적인 불가리아인의 사고방식에 깊이 뿌리를 두고 있다.

그러나 낙관적인 면도 있다. 불가리아를 떠난 젊은이 중 많은 수가 돌아오고 있고, 최근 몇 년간 해외 이주율은 둔화하였다. 2008년 글로벌 금융위기 여파로 상당수의 국민이 생활비가 더 적게 드는 불가리아로 돌아오게 되었다. 게다가, 20세기 말을 장식한 격동의 세월에 이어 미니 베이비붐이 일어났다. 경제적으로나 정치적으로 불안정했던 1996~1997년 사이에 태어난 아이보다 2001~2002년에 태어난 아이의 수가 두 배 더 많았다. 정부의 출산 장려책도 시행 중이다. 2009년에 시험관 수정을 지원하기 위해 국가 기금이 조성되었고 지금까지 1만 3,000명 이상의 여성이 혜택을 받았다. 불가리아의 EU 가입 이후, 서유럽인들은 불가리아 교외의 값싼 부동산을 사들여 불가리아의 마을 부흥에 기여해 왔다. 이들은 아름다운 자연환경과 온화한 기후에 매료되어 이곳에 계속 머무르려고 한다.

2021년 인구 조사에 따르면 불가리아의 민족과 인구 분포는 불가리아인 85%, 튀르키예인 8.8%, 롬인 4.9%, 소수의 마케도니아인, 타타르인, 아르메니아인 총 0.4%로 구성되어 있다. 불가리아의 공식 언어는 불가리아어이다. 주요 소수 민족은 튀르키예어와 롬어를 사용한다.

【 튀르키예인 】

국제소수자권리그룹MRGI에 따르면, 제2차 세계대전이 끝나기 전에 불가리아의 튀르키예인은 문화적, 정치적, 사회적으로 고립되어 살았으며, 별도의 학교와 법원 시스템을 갖추고 있었으므로 불가리아어를 할 줄 아는 사람이 많지 않았다. 공산주의자들이 정권을 장악한 후, 당국은 튀르키예인을 불가리아의 주류로 통합시키는 프로그램에 착수했다. 그 결과 모든 종교 학교가 폐쇄되고 공동체가 운영하던 사립 학교들이 국유화되었다. 불가리아어는 필수 과목이 되었고, 튀르키예어는 1975년 학과목에서 배제되었으며 1984년 무렵에는 언론에서 사라졌다. 1980년대 후반, 통일된 사회주의 국가를 만들기 위해 정부는 튀르키예인에게 이슬람식 이름과 관습을 완전히 포기하고 불가리아식 이름을 채택하도록 강요했다. 이러한 정책은 튀르키예 소수 민족의 대규모 시위와 조직적인 단식투쟁을 부추길 뿐이었고, 결과적으로 수많은 일반 튀르키예인들이 자발적으로 불가리아를 떠나게 되었다. 국제소수자권리그룹은 1989년 8월까지 불가리아를 떠난 사람의 수를 35만 명으로 추정했으나 그중 약 3분의 1은 공산주의 정권이 무너진 후 돌아왔다. 이들의 대이주는 "위대한 여행"으로 알려지게 되었다.

현재 불가리아에서 튀르키예인은 정계 입문과 이슬람 신앙 생활이 자유롭고 튀르키예어가 학교 교과과정에 포함되어 있으며 미디어에서도 사용된다. 일반적으로 튀르키예 소수 민족은 자신들의 관습, 전통, 문화를 유지하고 있다.

【롬인】

공산주의 정권하에서 거의 관심 밖에 있던 롬인은 불가리아가 EU 가입을 준비하기 시작한 순간부터 중요한 문제로 떠올랐다. EU 가입을 위해서 불가리아는 소수 민족의 상황을 개선하고 민족적 긴장을 완화하며 발칸반도의 정치적 갈등을 주도적으로 해결하겠다는 의지를 입증해야 했다. 불가리아 정부는 EU의 자금 지원을 받아 1999년 4월 롬인을 불가리아 사회에 통합하기 위한 프레임워크 프로그램이라는 프로젝트를 도입했다. 이 프로그램은 차별과 실업에 맞서 싸우고 롬인의 교육 및 보건 수준을 높이며 소수 민족인 롬인의 문화를 보호하기 위한 핵심 원칙과 조치를 확립했다. 그러나 이 프로그램의 효과는 아직 보이지 않는다. 여전히 많은 불가리아인이 롬인 동포들을 부정적인 시각으로 보고 있고 고정관념도 지속되고 있다.

불가리아의 역사

불가리아 땅에는 구석기 중반(BC 10만 년~BC 4만 년)에 이미 조직적 사회생활이 시작되고 있었다. BC 3,000년 무렵 이곳은 인도-유럽인 민족인 트라키아인의 영향력 아래 놓이게 되었다. 트라키아인은 금속 세공, 특히 금은 세공에 능했고 뛰어난 승마술로 잘 알려져 있었다. 트라키아의 레소스 왕은 전쟁에 나가 트로이와 싸웠고 그 유명한 오르페우스 왕은 고대사에서 가장 로맨틱하고 비극적인 러브스토리의 주인공이 되었다.

그러나 트라키아인에게는 심각한 약점이 있었다. 바로 사회적 결속과 정치적 조직에 전혀 관심이 없었다는 점이다. 그 결과, 막강한 국가인 마케도니아는 트라키아와 충돌했고 BC 335년에 이르러 트라키아를 수월하게 정복했다. 그 후 트라키아의 병사들과 기병대는 인도로 진군하는 알렉산드로스 대왕의 부대에 합류했다. 기원전 3세기에 발칸반도로 내려온 로마인들이 재빨리 트라키아 부족들을 정복한 뒤 질서와 효과적인 규정을 확립하면서 이 지역은 유례없는 번영과 안정의 토대를 마련하게 되었다. 발칸반도는 복잡하게 얽힌 도로망이 있어서 동과 서, 북과 남이 연결되었고 늘어난 교통량과 무역량, 상업 거래 덕분에 번영을 누렸다. 로마 제국이 둘로 나뉜 후, 비잔티움의 수도 콘스탄티노플은 천 년 동안 중요한 문화적·정치적 중심지가 되어 불가리아 역사에서 결정적 역할을 했다.

2세기에 접어들어 원시 불가리아인들은 오늘날 아프가니스탄 북쪽 힌두쿠시 산지에 해당하는 이메온 산지에 위치한 오랜 고향 발하라 왕국을 떠나 유럽으로 이동했다. 가설상 이들은 아시아인과 인도-유럽인이 섞인 민족으로 아프가니스탄인과 이란인의 '사촌'뻘에 해당한다. 고대 문헌에 따르면 유럽에 존재했던 최초의 원시 불가리아 국가는 칸 아비토홀이 BC

165년에 건설했다고 한다. 4세기와 5세기에 원시 불가리아 부족들은 중앙 유럽과 동부 유럽 일부 지역을 침략하고 파노니아(현재의 헝가리), 알바니아, 우크라이나에 정착했다. 나키츠센트미클로스(트란실바니아), 브이랩(알바니아), 불가리아를 건국한 칸 아스파루크의 아버지 칸 쿠브라트의 매장 유적지 말라야 페레슈키피나(우크라이나)에서 이 시기의 불가리아 황금 유물이 발견되었다. 이들의 이동과 때를 같이 하여 5세기에는 또다른 대규모 부족 집단인 슬라브족이 발칸반도로 오고 있었다. 앨런스, 고트, 훈족과 같은 침략자들이 콘스탄티노플 약탈에 실패한 뒤 이곳으로 쳐들어온 것과 달리 슬라브족은 정착하기 위해 이 지역으로 왔다. 원시 불가리아인과 동맹을 맺은 슬라브족은 비잔틴 제국을 공격하기 시작했고 680년에 비잔티움 황제 콘스탄티누스 4세 포고나투스를 상대로 결정적인 승리를 거두었다.

【 제1차 불가리아 왕국(681~1018) 】

서기 681년에 새로운 불가리아 국가가 비잔틴 제국의 승인을 받았다. 불가리아 국가의 지도자 칸 아스파루크는 수도인 플리스카를 건설하고 이후 150년 동안 통치 영역을 남서쪽과 북서쪽으로 확장했다. 그동안 불가리아인들은 비잔티움을 상대로 몇 차례 주목할 만한 승리를 거두었고 적절한 법체계를 도입하기도 했다. 864년에 불가리아의 보리스 1세는 정통 기독교를 받아들였으며 아들 시메온 1세(893~927) 때는 불가리아에 황금기가 찾아와 예술과 문학이 번성했다. 비잔틴의 선교사 키릴과 메토디우스의 제자였던 불가리아의 수도승 나움과 클리멘트는 20세기 초에 키릴 문자를 불가리아에 전했다. 키릴 문자 덕분에 불가리아 교회는 슬라브-불가리아어를 전례 언어로 사용할 수 있었고 그리스어가 장악했던 당시 사회에서 그들의 고유 언어를 보존할 수 있었다. 나움과 클리멘트, 그리고 제자들은 교회 문학을 불가리아어로 번역하고 최초의 세속 문학도 창조하기 시작했다. 프레슬라브와 오리드 같은 도시들은 교육과 문화의 중심지로 유명해졌고 머지않아 세르비아, 보스니아, 크로아티아, 트란실바니아, 왈라키아, 몰다비아, 키예프 루스까지 영향을 미쳤다.

불가리아 왕국은 10세기 말에 이르러 비참한 종말의 길로 치닫는다. 전설에 따르면 비잔틴 제국의 황제 바실리오스 2세가 1014년에 불가리아 군대를 상대로 승리를 거둔 후 포로가 된 2만 명의 병사들을 장님으로 만들었다고 한다. 다만 100명

중 한 명은 한쪽 눈만 볼 수 있게 하여 나머지 병사들을 데리고 불가리아 왕에게 돌아갈 수 있게 했다. 이 일로 바실리오스 2세는 '불가르족의 학살자'라는 섬뜩한 별명을 얻었다. 불가리아의 왕은 앞을 보지 못하는 병사들을 본 후 상심하여 3일 만에 세상을 떠났으며, 그리스인과 불가리아인 사이에 긴장이 고조될 때마다 불가리아의 민족주의 열정이 불타오른다. 1018년, 마침내 비잔틴 제국은 나약해진 불가리아 왕국을 정복했다.

【 제2차 불가리아 왕국(1185~1396) 】

제1차 불가리아 왕국이 몰락하고 나서 167년 후 불가리아의 귀족 아센과 피터(나중에 아센 1세 왕과 피터왕이 됨) 형제는 비잔틴의 지배를 전복시킨 반란을 조직함으로써 제2차 불가리아 왕국의 토대를 마련했다. 제2차 불가리아 왕국은 거의 200년 동안 존속했으며 그동안 내적 안정을 이루는 동시에 외부의 위험에 맞서야 했다. 외부의 적에는 비잔틴 제국과 북서쪽에서 끈질기게 공격을 가하는 마자르족뿐만 아니라 가공할 만한 새로운 적인 십자군도 있었다. 1204년에 서구의 십자군이 콘스탄티노플을 점령하고 나서 불가리아를 속국으로 선포하자 아센과 피터의 남동생 칼로얀 왕은 그 모욕을 참을 수 없었다.

칼로얀 왕의 경기병은 아드리아노플 전투에서 중무장한 십자군 기사들에게 순식간에 엄청난 타격을 입혔다. 칼로얀 왕은 십자군을 이끌던 플랑드르의 볼드윈을 포로로 잡아 벨리코 타르노보에 있는 왕궁의 탑에 감금했다. 그 탑은 볼드윈 타워로 불리게 되었고 볼드윈이

니코폴리스 전투 세밀화(1596년, 작자 미상)

칼로얀의 아내를 유혹하려고 했다는 일화가 슬픈 전설로 전해 내려온다. 그 전설에 따르면 볼드윈은 깊은 계곡 위의 바위에서 떨어져 죽는 형을 선고받았다고 한다.

불가리아는 이반 아센 2세의 통치 시기에 제2의 황금기를 누렸다. 이반 아센 2세는 1230년 클로코트니차에서 에피루스의 전제군주 테오도르 안젤루스 콤네누스를 격파함으로써 자신의 뛰어난 군사적·전략적 기량을 증명했다. 또 외교관으로서 탁월한 자질도 보여주었다. 자신은 마자르의 공주 안나 마리아와 결혼하고, 이어서 숙적인 콤네누스의 딸 이리나와 결혼

차르 이반 아센 2세
(재위 1218~1241년)

했으며 그의 다섯 딸과 외아들은 세르비아, 러시아, 니케아의 왕가와 정략 결혼시켜 불가리아의 영토를 확장하고 평화를 누렸다.

군사적 승리와 외교적 성과 덕분에 제2차 불가리아 왕국은 정치적 지배력과 영토 확장 면에서 전성기를 맞이했으며 그 결과 동으로는 흑해, 남으로는 에게해, 서로는 아드리아해에 이르기까지 영토를 넓혔다. 불가리아에서는 상업, 문화, 예술이 다시 한번 꽃을 피웠고 많은 걸작이 탄생했다. 초기 이탈리아 르네상스의 조토가 세상에 등장하기 전, 조그래프 바실리와 그의 견습생 디미타르가 1979년 세계문화유산으로 지정된 보야나 교회에서 웅장하고 생생한 프레스코 벽화를 그렸다.

한편, 14세기에 들어서면서 발칸반도에는 불길한 그림자가 다가오고 있었다. 오구즈 튀르키예 민족의 오스만 제국이 발칸반도에서 경쟁적으로 세력을 키워 1360년에 부르사와 아드리아노플과 같은 중심 지역을 점령했다. 코소보 폴에서 세르비아 군대를 상대로 거둔 결정적 승리와 1396년 니코폴리스 전투의 결과 발칸반도는 오스만 제국의 손에 넘어갔고 불가리아는 1878년까지 거의 500년 동안 오스만 제국의 일부로 남아 있었다.

【 오스만 통치하의 불가리아 】

오스만 군대에 점령당한 최초의 유럽 영토인 발칸반도는 거의 200년 동안 서쪽으로 영토를 확장하기 위한 기지 역할을 했다. 1453년 콘스탄티노플의 몰락으로 불가리아는 완전히 오스만의 지배 아래에 놓이게 되었다. 본질적으로 신권주의 중심이었던 오스만 정부는 종교적 원리를 기반으로 설립되었다. 콘스탄티노플이 함락된 지 1년 후, 오스만 제국의 인구는 신앙에 따라 분리되었다. 밀레트라고 불리는 개별 종교 공동체가 있었으며 이 공동체는 내부 문제에 대한 자치권을 가지고 있었다. 밀레트 제도는 오스만 제국의 종교적 관용을 보여주는 것이었다. 하지만 그와 동시에 모든 정교회 기독교인은 그리스인이 아니라는 점과 세르비아인과 불가리아인에게는 독특한 의식과 예술적 표현력을 가진 그들만의 민족 교회가 있다는 사실을 제국 행정관들이 인식하지 못했다는 사실도 보여주었다.

그 결과, 불가리아인은 정교회 밀레트 내부에서 하위 집단이 되었고 수 세기 동안 그리스인의 지배를 받았다. 불가리아인은 이슬람으로 개종하라는 압력도 받아야 했다. 불가리아인의 땅은 콘스탄티노플을 에워싸는 방어 벨트의 일부였기 때문에 무슬림 인구가 밀집해 있었다. 불가리아인은 자발적으로 혹은 강제로 이슬람으로 개종했다. 당시 불가리아의 인구는 대부분 자치 마을에서 살았다. 이러한 자치의 경험이 나중에 불가리아 민족의식의 부활과 회복에 큰 도움이 되었다.

수 세기에 걸친 오스만 통치 기간에 불가리아 토착 문화의 중심지인 벨리코 타르노보, 교회, 수도원 등이 파괴되었고 불가리아의 반발은 잔혹하게 억압당했으며, 피난처를 찾아 머나먼 땅으로 떠나는 난민의 대이동이 일어났다.

【불가리아 민족 부흥과 독립 투쟁】

"모든 슬라브 민족 중에서 불가리아인이
가장 찬란하게 빛났으니, 스스로 차르라고 칭하고
처음으로 총대주교를 배출했으며, 가장 먼저
기독교 신앙을 받아들이고 가장 넓은 영토를
정복한 이들이 바로 불가리아인이었다. 따라서

모든 슬라브 민족 중에서 불가리아인이 가장 강하고
가장 명예로운 자들이었으며 최초의 슬라브 성인들은
불가리아인들 사이에서 불가리아어로 빛을 발했다…
오, 불가리아인이여, 그대의 조상과 언어를 알고
자신의 언어로 공부하라.”

힐렌다르의 파이시우스 신부, 1762년

『The Slavonic Bulgarian History of the Peoples, Tsars, Saints and of all their Deeds and of the Bulgarian Way of Life』에 쓰인 이 감동적인 말은 모든 불가리아인의 머리와 가슴에 새겨져 있다. 이 책은 수백 년 동안 잠들어 있던 불가리아를 깨어나게 했다. 새로운 시대가 다가오고 있었다.

정규 징집병인 오스만 군대의 창설과 옛 봉건 기병 시파히에게 봉토 징세권을 주었던 토지 소유 제도의 해체로 신흥 중산층이 번성했으며 이들은 군대에서 식량 공급의 혜택을 받았다. 결과적으로 신흥 중산층은 도시에 건축물을 짓고 수도원에 재산을 기부하고 젊은 세대의 교육에 투자하는 등 자선 활동에 참여하여 불가리아 국가 부흥 과정에서 중요한 역할을 했다. 1800년대 중반 무렵 해외 유학을 떠나는 불가리아인의 수가 증가하자 최초의 세속 교육 기관이 설립되고 이어서 다른 교육 기관들도 생겨났으며, 불가리아 공동체 대다수는 모국어로 가르치는 자체 학교를 운영했다.

교육의 확산은 독립된 불가리아 교회를 위한 투쟁과 뒤이어 정치적 독립을 위한 투쟁의 원동력이 된 불가리아 지식계급의 토대를 마련했다. 1870년에 술탄이 불가리아 교회를 별도의 총주교 관할 지역으로 공식 선포한 후 불가리아 교회는 정부 당국을 상대하는 주도적 세력으로서 공동체 학교의 주요 후원자가 되었다. 이 시기부터 각 불가리아 공동체에서 가장 중요한 세 명의 유명 인사가 시장[kmet], 교사[daskal], 신부[pop]가 되었다.

불가리아 지식계급의 다음 열망은 이웃 그리스와 세르비아가 수십 년 전에 그랬던 것처럼 정치적 독립을 성취하는 것이었다. 불가리아 혁명중앙위원회[BRCC]는 루마니아의 본거지에서부터 민족 무장봉기를 계획했다. 불가리아 국내에서는 혁명 지도자이자 민족 영웅인 바실 레프스키가 내부혁명조직을 설립한 후 지역 비밀 지부 네트워크를 만들어 무기를 구입하고 지원자들을 훈련했다. 레프스키는 오스만 당국에 체포되어 교수형을 당했고, 1876년 4월 봉기는 무자비하게 진압당했다.

오스만 제국이 반란을 잔혹하게 진압하자 서유럽의 관심이 이곳에 쏠렸고 불가리아의 운명은 마침내 유럽의 조명을 받게 되었다. 콘스탄티노플에서 열린 국제회의에서는 술탄에게 개혁을 추진하라는 제안을 내놓았다. 하지만 그 제안은 거부되었고 러시아는 곧 튀르키예에 일방적으로 전쟁을 선포했다.

1877~1878년의 러시아-튀르키예 전쟁과 산 스테파노 평화 조약 체결은 불가리아가 오스만의 지배에서 해방되는 출발점이 되었다. 평화 조약은 흑해와 에게해 사이를 통치했던 제1차 불가리아 왕국만큼 큰 불가리아 자치 국가를 세우도록 규정했다. 그러나 영국과 오스트리아-헝가리 제국은 산 스테파노 규정을 승인하지 않았다. 러시아 제국이 슬라브족 및/또는 정교회 기독교 인구를 이용해 손쉽게 발칸반도 전체에 영향력을 미칠 수 있다고 생각했기 때문이다.

그로부터 4개월 후 베를린에서 새로운 조약이 체결되었고 이 조약에 따라 마케도니아와 트라키아 남부를 오스만 제국에 반환했다. 트라키아 북부인 동부 루멜리아는 불가리아 총독관할이었지만 오스만 제국의 국경 안에 남아 있었다. 새 조약은 새로운 독립 국가 불가리아에 속하지 않은 마케도니아, 루멜리아, 트라키아 남부에 남아 있던 수많은 불가리아인의 희망에 찬물을 끼얹었다. 베를린 조약 때문에 발생한 마케도니아 문제는 그 후 60년 동안 불가리아와 다른 발칸 국가들을 분열시켰고 잔인하게 진압된 반란의 원인이었으며 두 차례의 발칸 전쟁을 초래했다. 그뿐만 아니라 세르비아, 마케도니아, 그리스, 불가리아 간 적대 행위로 이어져 수백만 명의 사람을 파멸시켰다. 20세기 중반까지도 불가리아의 통일은 여전히 불가리아의 주요 국가 정책으로 남아 있었다.

【 제3차 불가리아 왕국 】

> "발칸반도는 소비할 수 있는 것보다
> 더 많은 역사를 생산한다."
>
> 윈스턴 처칠

베를린 조약의 불공정한 결정은 실망스럽고 화가 났지만 1879년에 불가리아인이 선출하고 강대국이 승인한 기독교 왕자를 내세운 공국이 탄생했다. 공국이 들어서고 초기 수십 년 동안 현대 불가리아는 가장 역동적인 격동의 시기를 겪었다.

러시아 왕실과 친척인 독일 귀족 바텐베르크의 알렉산더는 국민의회의 승인을 받아 불가리아 공국의 왕자[knyaz]가 되었다. 새로운 국가가 공국과 동부 루멜리아를 통일하기까지 7년이 걸렸고 러시아는 통일에 반대했다. 결국 통일은 중대한 외교적 위기를 초래했다. 그리스와 세르비아가 토지 및 인명 피해에 대한 보상을 요구하는 동안 그리스인은 봉쇄되었고 세르비아는 새로 탄생한 불가리아-루멜리아 연합에 전쟁을 선포했다. 불가리아인은 1885년 11월 슬리브니차에서 세르비아군에게 막대한 타격을 입혔으며, 오스트리아-헝가리의 외교적 개입만이 그들의 베오그라드 진군을 막을 수 있었다.

무엇보다 슬리브니차 전투는 스타라 플라니나 북쪽과 남쪽의 불가리아인을 단일 민족으로 묶어주었다. 알렉산더 바텐베르크 왕자의 퇴위는 러시아가 통일 국가를 인정하는 대가로 주어진 것이었다. 러시아에서 교육받은 자유주의자 스테판 스탐볼로프가 1887년에 총리직에 올랐고 독일의 페르디난트 작센코부르크고타 공작이 불가리아의 왕위를 계승하게 되었다. 스탐볼로프가 러시아의 의도에 의혹을 품게 되면서 외교 관계는 향후 10년 동안 꽁꽁 얼어붙었다.

독립은 불가리아에 급격한 변화를 가져왔다. 산업화는 새로운 노동자 계급의 탄생을 촉발했고, 혹독한 근로 조건 아래 새로운 도시 무산계급은 사회주의 사상에 빠져들었다. 이는

1891년 세계에서 가장 오래된 공산당인 사회민주당 창설의 토대가 되었다.

그 후 55년 동안 불가리아는 세 차례의 지역 전쟁과 두 차례의 세계대전을 겪었다. 불가리아의 정치는 쿠데타, 암살, 사회적 격변으로 얼룩졌다. "발칸반도 상황의 열쇠는 소피아에 있다", "불가리아를 고려하지 않고 발칸 문제에 접근하는 것은 수박 겉핥기나 마찬가지이고 과거에 가장 중요했던 사안을 무시하는 것이다"라고 영국 외교가에서 주장했지만 불가리아는 서서히 그러나 확실하게 발칸반도의 버림받은 존재가 되었다. 불가리아는 두 번이나 잘못된 선택을 했다. 제1차 세계대전에서는 동맹국(독일·오스트리아-헝가리·튀르키예, 불가리아는 1915년에 참전-옮긴이)의 편에 섰고, 제2차 세계대전에서는 추축국(독일·이탈리아·일본-옮긴이)의 편에 섰다.

【 제2차 세계대전 】

추축국에 합류하는 것은 쉬운 결정이 아니었다. 1940년 보리스 국왕은 독일, 이탈리아, 소련의 제안을 받아들이지 않고 진군을 거부했다. 소련은 불가리아에 트라키아를 제안했지만 다르다넬스 해협의 항로와 흑해의 불가리아 해군 기지 사용권은

보리스 3세 국왕은 부왕 페르디난트 1세 퇴위 후
1918년 왕위에 올라 1943년 사망할 때까지 통치했다.

내놓지 않았다. 이런 제안은 허울 좋은 수사에 불과했다. 보리
스는 그들이 이 지역 일대를 "소련 보안 지대"라고 부르면서 소
련에 통합하기 전에 발트해 연안 국가들에도 이를 적용했다는
사실을 알고 있었다. 1940년 12월에는 독일의 압력이 더 커졌

고, 마침내 1941년 3월 2일 불가리아는 독일군이 그리스로 가는 도중에 불가리아 영토에 진입하는 것을 허락했다. 의회가 미국 및 영국과의 전쟁을 선포한 후 국왕은 사라졌고 이후 성 알렉산더 넵스키 대성당에서 기도에 심취해 있는 모습이 발견되었다. 이제 불가리아는 돌이킬 수 없는 곳까지 가버렸다.

이어지는 몇 개월 혹은 몇 년 동안 불가리아는 추축국 동맹 편에 섰지만 보리스 국왕은 군대 배치와 관련하여 독일의 요구에 불안해졌다. 보리스 국왕은 불가리아 군대를 발칸반도를 벗어난 곳에 배치하고 싶지 않았다. 그는 튀르키예의 침공 가능성에 대비해 군대를 발칸반도에 주둔시키겠다고 독일을 설득하는 데 성공함으로써 국내 지지도를 확보했다. 또한 불가리아는 독일의 동맹국이었으나 절대 소련에 전쟁을 선포하지 않았다.

1943년 불가리아는 독일과 맺은 협정에 따라 불가리아의 유대인 5만 명을 나치 죽음의 수용소로 보내야 했다. 하지만 불가리아 정교회와 의회 의원들의 노력, 대중의 광범위한 반대 덕분에 불가리아의 유대인은 단 한 명도 추방되지 않았다. 그 대신 불가리아의 유대인에게는 엄격한 법적 제한이 적용되었고 대중의 반대에도 불구하고 소피아의 유대인 2만 명은 지방으로 추방되었다. 유대인의 재산을 몰수했으며 남자들은 노동 수용소로 보냈다. 또한 불가리아군은 그리스 트라키아와 유고슬라비아 마케도니아, 피로트의 점령 지역에서 약 1만 1,300명의 유대인을 모아 나치 죽음의 수용소로 이송했다.

1943년 8월 14일, 히틀러는 독일에서 열린 회의에 보리스 국왕을 소환했다. 그리고 2주 후 보리스 국왕은 알 수 없는 병에 걸렸다. 국왕의 갑작스러운 질병과 사망의 원인을 둘러싼 진실은 알려지지 않았지만 일반 대중 사이에는 히틀러가 국왕을 독살했다는 소문이 돌았다. 보리스 국왕은 독일이 다른 동맹국들에게 요구한 대로 따르기를 거부하고 국내의 유대인을 추방하지도 않았으며 동부 전선에 군대를 보내거나 소비에트 러시아에 선전포고도 하지 않았기 때문이다.

성 알렉산드르 넵스키 대성당에서 전례 없는 국왕의 장례식이 열렸다. 보리스 국왕의 시신은 릴라 수도원에 안치되었고 흐느끼는 군중이 줄지어 장엄한 행렬을 이루었다. 1944년에 공산당이 불가리아를 점령한 후, 국왕의 유해가 담긴 아연관은 비밀리에 발굴되어 브라나 궁전 안뜰에 묻혔다가 훨씬 나중에 다시 알려지지 않은 장소로 옮겨졌다. 브라나 궁전에서는 국왕의 심장만 발견되었고 1993년에 국왕의 미망인이 심장을 릴라 수도원에 다시 안치했다.

1944년 9월 5일, 소련이 불가리아에 전쟁을 선포했다. 소련 군은 단 며칠 만에 다뉴브강을 건넜고 불가리아의 일반 시민들은 그들을 기쁘게 맞았다. 독일군이 도망치는 모습을 보면서 러시아군이 다시 도와주러 왔다고 감격했기 때문이다. 공산당의 지원을 받은 조국전선은 키몬 게오르기예프가 이끄는 새로운 연립정부를 구성했고, 한 달 후 연합군에 합류하여 붉은 군대의 제3 우크라이나 전선과 함께 헝가리와 오스트리아와 끝까지 싸웠다. 이 전투에서 불가리아 군인 3만 2천 명이 목숨을 잃었다. 추축국이 패배한 후 공산주의가 장악력을 가진 정치 세력으로 부상했고 불가리아는 이후 45년 동안 소련의 가장 확고한 동유럽 동맹국이 되었다.

불가리아에 대한 공산당의 통제가 강화되면서 보리스 국왕의 아들 시메온과 그의 가족은 망명길에 오를 수밖에 없었다. 1946년 9월 15일에 열린 국민투표에서 국민은 국가를 위해 압도적으로 공화당의 발전 방식을 선택했다.

【 마케도니아 문제 】

1944년, 추방된 불가리아 공산당 지도자 게오르기 디미트로프와 유고슬라비아의 요시프 티토는 마케도니아를 별도의 통일된 주체로 통합하는 내용이 담긴 남슬라브 연방 창설을 협상하기 시작했다. 불가리아는 마케도니아에 인접한 블라고예브그라드 지역 주민들이 마케도니아의 정체성을 주장하도록 장려했다. 이 계획은 새로운 동유럽을 통제하려는 스탈린의 열망과 마케도니아인의 민족 특성 및 지위에 대한 견해 차이로 인해 곧 좌절되었다. 마케도니아 문제는 21세기에 특히 언어, 역사, 소수 민족 문제를 둘러싸고 훨씬 더 심각한 문제를 초래했다. 불가리아 과학 아카데미에서는 마케도니아어를 개별 언어로 인정하지 않고 불가리아어의 남서부 지역 방언으로 간주하고 있다. 이에 북마케도니아 시민들은 격렬하게 반발하고 있다. 반면 불가리아인은 북마케도니아가 역사적 인물과 사건을 포함하여 불가리아 역사의 일부를 차용해왔고, 마치 그것이 마케도니아 역사인 것처럼 표현한다고 주장한다. 무엇보다 북마케도니아에 거주하는 불가리아인은 소수자로 인정받지 못한다.

[지브코프의 불가리아: 공산주의 시대]

여러 세대에 걸쳐 불가리아인에게 공산주의는 한 사람의 얼굴

베를린의 토도르 지프코프, 1971년

로 기억되었다. 바로 토도르 지프코프의 얼굴이다. 그는 사회
주의 국가 중에서 최장기간 집권한 지도자였을 뿐만 아니라
역사상 가장 오랜 기간 통치한 비왕족 출신에 속했다. 1911년
에 태어난 지브코프는 17세에 공산당 청년부에 입당했다. 가
난한 소작농의 아들이었지만 야망이 크고 정치 경험이 풍부
하여 소피아의 국영 인쇄소에 취직했고 3년 후에는 당의 정회
원이 되었다. 제2차 세계대전 중 반파시스트 활동에 적극적으
로 참여한 그는 반독일 및 반군주주의 유격대 운동의 소피아
작전 지역 부사령관이 되었다. 몇 년 후, 지브코프의 통치하에
서 그의 전투원 동지 중 다수가 당과 정부의 요직에 올랐다.

1950년대에 건축된 소피아의 라르고(독립 광장)는 전형적인 사회주의 고전주의 건축물이며 한때 공산당 본부가 있었던 곳이다.

공산당은 1944년 9월에 정권을 잡은 정치 연합인 조국 전선을 장악했고, 1944년 9월 9일 이후 곧바로 지브코프를 정치 스타로 만들었다. 먼저 지브코프는 소피아 경찰서장이 되었고 1년도 되지 않아 공산당 중앙위원회 후보로 선출되었다. 그러다가 1948년에 정회원이 되었고, 불과 3년 뒤에는 BCP 정치국 정회원이 되어 강제 농장 집단화에 대한 반발을 잠재우는 일을 맡았다. 1954년, 스탈린 사후 소련의 압력으로 강경파 스탈린주의자 불코 체르벤코프가 BCP 정치국 서기장에서 해임되었고 지브코프가 그 자리를 대신했다. 앞으로 수십 년간 이어질 부동의 통치가 시작되는 순간이었다. 정계에서 사라진 야당, 농업의 집단화, 산업의 국유화, 국가의 정교회 통제 및 그 구성원 중 다수를 당시 비밀경찰인 국가안보위원회[CSS]의 대리인으로 만든 일 등이 모두 그의 통치 아래에 이루어졌다.

BCP는 스탈린주의와 개인숭배를 거부한 소련을 본따 1956년 4월에 중앙위원회 총회를 소집했으며 바로 그 전체 회의를 통해 지브코프는 사실상 불가리아의 지도자가 되었다. 지브코프는 먼저 체르벤코프를 비판한 후, 1962년에 유고프 총리를 비난하고 총리를 교체함으로써 자신의 정치적 입지를 다졌다. 결과적으로 지브코프는 불가리아가 독립 공화국으로 존재하는 거의 모든 기간에 모두가 인정하는 유일무이한 정치 지도자가 되었다. 1971년 헌법 개정으로 지브코프는 국가 원수 또는 국무회의 의장직을 한 번 더 역임할 수 있었다. 바로 이 순간을 기점으로 불가리아의 정치, 행정, 국가 권력은 단 한 사람, 토도르 지프코프 동지의 손에 놓이게 되었다.

지브코프는 35년 동안 불가리아를 통치하면서 소련 동맹국들에게 절대적인 충성심을 유지했다. 그러나 그는 좀 더 자유로운 통치가 지지도를 보장할 수 있다고 믿었다. 그리고 실제로 그의 PR 에이전트는 이후 수년 동안 국영 미디어를 통해 홍보될 "인민의 남자" 이미지를 만들었다. 지브코프의 현실적인 행동과 농담을 좋아하는 모습, 심지어 그의 별명인 '따또(아빠)'까지 동원하여 그가 자신의 출신을 절대 잊지 않는 자수성가한 사람이라는 이미지를 보여주었다. 지브코프가 통치하는 동안 불가리아는 유례없는 정치적·경제적 안정을 이루었다. 1950년대 중반 불가리아의 실질 임금은 57% 인상되었고, 보편적 의료가 도입되었으며, 1957년에는 집단 농장 노동자들이 동유럽 최초의 농업 연금 및 복지 제도의 혜택을 받았다. 그러나 중앙에서 관리하는 경제 모델은 장기적으로 좋은 성과를 낼 수 없었다. 1970년대에 불가리아는 경기 침체를 겪었고 경제를 살리기 위해 1981년 새로운 경제 모델을 도입했지만 그 효과는 짧고 만족스럽지 못했다.

4년 후, 소련의 개혁주의 지도자 미하일 고르바초프가 소피아를 방문하여 지브코프에게 불가리아의 경제는 경쟁력을 키워야 한다고 촉구했다. 그렇게 해서 불가리아식 페레스트로이카가 도입되었다. 1989년 1월 법령 56호가 도입되면서 기본적으로 사회주의 경제원칙에서 벗어나긴 하지만 민간인이 회사를 소유하고 직원을 고용할 수 있게 되었다. 그러나 지브코프의 통치는 끝을 향해 달려가고 있었다. 그로부터 10개월 후 동유럽에서 대대적인 사회적·정치적 변화가 일어났고 지브코프는 축출당했다.

【 튀르키예인의 대이동 】

1984년 12월, 지브코프는 튀르키예 소수 민족을 강제로 통합하려는 동화 운동을 주동했다. 튀르키예인의 튀르키예어 이름을 불가리아어로 바꾸도록 강요했으나 이 정책은 심각한 저항에 부딪혔다. 1989년 5월, 지브코프는 갑자기 모든 튀르키예인에게 출국을 허가했고 3개월 만에 30만 명이 넘는 사람들이 튀르키예 국경을 넘었다. 이 일로 국제사회가 불가리아를 한목소리로 비난하게 되면서 오랫동안 권력을 쥐고 있던 지도자의 종말이 시작되었다. 소련도 불가리아의 반대편에 섰다. 고르바초프는 고집불통인 구식 강경파 지브코프를 일찌감치 포기했고 불가리아의 젊은 공산당 간부들에게 그를 축출해도 좋다는 신호를 보냈다. 놀란 지브코프는 보복하려고 했지만 이미 너무 늦었다. 78세인 인민의 남자는 1989년 11월 10일에 사임했다.

1989년 11월 10일은 국민에게 충격과 환희를 안겨주었다. 그날은 불가리아인이 그런 식으로 권력을 포기할 것이라고 상상할 수 없었던 한 남자의 몰락뿐만 아니라 훨씬 더 중요한 일이 일어난 날이기 때문이다. 베를린 장벽이 무너지면서 새로운 시대의 시작을 알렸다. 불가리아 국민은 루마니아의 피비린내 나는 크리스마스 기간에 텔레비전 앞에 붙박여 지브코프의 가장 친한 친구인 차우셰스쿠와 그의 아내 엘레나가 총살당하는 모습을 지켜보았다. 1989년 몹시 추운 12월, 대규모 시위가 일어났고 수천 명의 사람이 거리로 나와 시위에 동참했다. 모든 사람이 더 나은 삶, 더 많은 자유, 국내 문제에 대한 목소리를 내기를 원했다. 당시 불가리아인들의 감정은 말 그대로 들떠 있었다. 22년 후에 자신들이 같은 요구를 하며 다시 한번 거리로 나오리라고 생각하는 사람은 없었다.

불가리아는 공산주의 정권에 넘어간 이후 1990년 6월에 처음으로 다당제 선거를 치렀다. 집권 공산당은 자체 개혁을 거쳐 불가리아 사회당이 되었다. 조직화된 민주 정치 세력이 이에 맞서 싸울 시간이 없었고, 사회주의자들은 손쉽게 선거에서 이겼다. 극심한 사회적 불안과 새로운 헌법의 통과가 1990년

하반기를 장식했다. 그 후 1991년에 최초의 완전한 민주적 총선이 치러졌고 민주연합UDF이라고 불리는 느슨한 동맹이 승리를 거뒀다. 불가리아는 다음 해인 1992년에 처음으로 대통령 직접선거를 치렀다.

민주주의와 시장 경제로 가는 전환기에 불가리아는 사회적·경제적 고통을 겪었으며 이 고통은 1996년 말부터 1997년 초까지 극심한 경제 및 금융위기 여파로 절정에 달했다. 불가리아는 전례 없는 초인플레이션을 경험했으나 1997년 5월 선거로 UDF가 권력을 되찾았고, 이후 이반 코스토프 총리는 경제 안정화를 위한 일련의 개혁을 도입했다. 새 정부는 또한 불가리아의 NATO 가입 신청 작업을 시작했다.

UDF의 통치는 국영 기업의 대규모 민영화와 오랫동안 기다려온 유럽연합 가입 협상의 시작을 포함하여 오랫동안 지연된 경제 개혁을 가져왔다. 그러나 코스토프 총리의 관리 방식은 논란이 매우 많았고 비판의 목소리가 컸으며 부패가 만연했다. 정적들은 대규모 국영 기업을 헐값에 매각했다고 그를 비난했다. 인기 없는 금융 개혁 때문에 여론도 부정적으로 돌아섰다. UDF는 아이러니하게도 55년 전에 망명할 수밖에 없었던 남자가 이끄는 연합 정당에 패했다.

2001년 7월에 불가리아의 전 국왕인 시메온 작센코부르크 고타가 총리가 되었다. 탈공산주의 이후 동유럽에서 전 국왕이 총리가 된 건 처음 있는 일이었다. 총리가 이끄는 '안정과 진보를 위한 국민운동' 정부하에서 불가리아는 2004년 3월 29일에 북대서양조약기구NATO에 가입했다. 불가리아는 계속해서 민주적 개혁과 시장 경제 발전을 추구했을 뿐만 아니라 유럽연합에 가입하려고 노력했다. 여러 논란 가운데 4년이 더 흘러갔다. 전 국왕은 기술 관료와 서구에서 교육받은 젊은 도시 전문직인 여피족을 불러들여 국정 운영을 맡겼다. 이들이 유능했을지는 몰라도 절대 불가리아 국민의 신뢰를 얻지는 못했다. 시메온이 큰소리치며 약속한 더 밝은 미래와 생활 수준 향상은 실현되지 못했다. 국민의 실망은 2005년 선거 패배로 이어졌고 2009년 선거에서는 단 3%의 득표율을 기록하며 의석을 하나도 확보하지 못하는 정치적 재앙을 겪었다. 얼마 지나지 않아 그는 총리직을 사임하고 공산당이 국유화한 가족의 재산을 회수하여 불가리아를 떠났다. 그가 불가리아에 돌아온 이유는 바로 그것 때문이라는 소문이 돌았다.

이렇듯 똑같은 실망감이 불가리아 사회당에는 도움이 되어 권력을 되찾게 해주었다. 2005년 6월 총선 이후 세르게이 스타니셰프가 2005년 8월 16일에 연립정부의 새 총리가 되었다. 스타니셰프 정부는 유럽-대서양 국가들과 지속적으로 협력했고 미국과 긴밀한 파트너십을 유지했다. 불가리아는 아프가니스탄 연합군 작전과 유엔이 주도하는 발칸반도 평화유지 작전에서 적극적인 파트너가 되었다. 불가리아는 2007년 1월 1일에 EU 회원국이 되었다. 그러나 부패 스캔들과 그에 따른 후속 조치인 EU의 기금 동결과 같은 여러 잡음이 사회주의자들의 통치 기간에 끊이지 않았다.

2009년 7월 총선에서는 불가리아 유럽발전시민당GERB이라는 새로운 조직이 급부상했다. GERB는 의회 240석 중 116석을 차지했으며, 한때 토도르 지프코프와 시메온 작센코부르크고타의 경호원이었던 보이코 보리소프가 새 총리가 되었다. 보리소프는 소수 정부를 구성했으나 집권 2년 차에 그의 연정 파트너들은 점차 GERB에 대한 지지를 철회했다. 글로벌 금융위기의 여파로 정부가 취해야 했던 긴축 조치는 대규모 불안을 초래했고 보리소프 내각은 2013년에 사임했다. 결과적으로 사회주의자들은 무당파 총리인 플라멘 오레샤르스키가 이끄는 연립정부를 구성하게 되었다.

오레샤르스키 내각은 여러 가지 이유로 오래가지 못했다.

대중에게 인기 없는 정책을 도입하고 국가안보국ДАНС의 수장에 평판이 좋지 않은 인물을 불투명하게 임명하여 대규모 시위를 촉발했다. 연정은 해체되었고, 오레샤르스크 내각 사임 후 보리소프가 2014년과 2017년 총선에서 모두 승리해 2년 연속 내각을 구성했다. 보리소프의 정치 스타일과 그의 통치로 인한 조직 전반의 부패는 엄청난 사회 불안을 초래했고 2020년 여름, 불가리아의 거리와 광장에서 대규모 시위가 일어났다. 보리소프는 내각의 수많은 실정과 어설픈 코로나19 위기관리에도 불구하고 계속 버티다가 다음 선거인 2021년 4월 선거에서 패배했다.

2021년에 불가리아 정치는 또 한 번 혼란의 소용돌이에 빠졌다. 어느 당도 과반수 득표 가능성이 없어 보였고 연정을 구성할 수도 없었기 때문에 정부를 구성할 때까지 총 세 번의 선거를 치러야 했다. 3차 선거까지 투표율은 사상 최저인 33.7%를 기록했다. 라데프 대통령이 임명한 두 과도 내각이 임시 정부를 통치했으며 반부패 및 공정 선거를 추구하며 국민의 광범위한 지지를 얻었다. 결국 11월에 정치 연맹이 새로 결성되어 신 연립정부가 탄생했다. 이 정치 연맹은 '우리는 변화를 계속한다ПП', '불가리아 사회당', '그런 민족이 있다ИТН',

'민주 불가리아'로 구성되었다. 집권 초기에 페트코프 총리와 내각은 계속되는 코로나19 팬데믹, 경제 침체, 에너지 가격 상승, 러시아의 우크라이나 침공과 같은 긴급한 외교 정책 문제 등 잇달아 위기에 직면했다.

2022년 페트코프 정부는 러시아산 가스를 구매할 때 루블화로 지불하지 않겠다면서 러시아에 맞섰고 간첩 혐의로 러시아 외교관 70명을 기피인물, 즉 페르소나 논 그라타로 선언했다. GERB는 에너지 분야에서 보여준 페트코프의 무능함과 치솟는 인플레이션을 이유로 들며 그가 국가의 금융 안정성을 위협하고 있다고 비난했다. 불신임 투표로 페트코프 정부는 무너졌고 불가리아는 2년도 안 되어 4차 선거에 돌입하게 되었다. 이 글을 쓰는 지금 2022년 11월 선거 결과는 발표되지 않았지만 최근 몇 년간 정치 환경을 특징지었던 깊은 분열은 여전히 영향을 미칠 것으로 보인다.

불가리아가 NATO와 EU 회원국이 되자 불가리아 국민은 희망에 가득 차 있었고 유럽의 원칙과 규범을 쉽게 받아들였다. 그러나 2022년까지도 불가리아는 여전히 연합에서 가장 가난한 나라였다. 2021년 불가리아 통계청에 따르면 불가리아인 53만 2,400명(인구의 22.1%)이 빈곤선 이하의 삶을 살고 있다.

빈곤선은 1인당 월평균 504.33레바 또는 250유로를 기준으로 한다. 가입 이후 겪었던 경제적, 정치적 어려움은 처음에 품었던 낙관주의를 짓밟았고 불가리아인은 더 이상 한목소리를 내지 않게 되었다. 오늘날 정치 영역 전반에 유럽 회의론자들이 있으며 2022년에 시작된 러시아와 우크라이나의 무력 충돌은 불가리아가 군사개입을 밀어붙이면서 불가리아를 친러파와 반러파로 더욱 분열시켰다.

코로나19

2020년 3월 코로나19 발생으로 불가리아는 해외 여행객들에게 국경을 폐쇄했다. 팬데믹 초기에 불가리아의 감염자 수는 비교적 적었으나 보리소프 정부가 취한 조치는 가혹했다. 정부는 바이러스 양성 반응을 보인 사람을 28일 동안 격리하는 등 엄격한 봉쇄 조치를 시행했다. 의료 전문가들은 분열되었다. 한편으로는 감염자, 중증 환자, 사망자 통계를 매일 발표하는 공식 대표자가 있었으나 사람들은 이런 발표를 보며 바이러스를 더 두려워하게 된 것 같았다. 반면에, 국민을 보호하거나 교육하기 위한 노력은 거의 하지 않으면서 공포 분위기를 조성하는 봉쇄와 정부 조치는 부정적 영향을 준다고 소리높여 경고하는 의료 전문가들도 있었다. 전반적으로 국민은 이런 조치를 대체로 지지했으며, 2021년 UN 여론조사에 따르면 불가리아인 대다수는 실제로 더 엄격한 조치를 지지하는 것으로 나타났다.

당국의 위기관리를 지켜본 대중은 정부에 대해 오랫동안 불신을 갖게 되었고 그 결과 많은 불가리아인이 백신 접종을 거부했다. 사람들의 불안감은 큰 대가를 치렀다. 프랑스통신사에 따르면 불가리아는 2021년 말까지 코로나19 사망률에서 세계 2위(10만 명당 403명)를 기록했다. 남아 있던 모든 제한 조치가 해제된 2022년 4월 1일까지 백신 2차 접종을 마친 인구는 31%에 불과했다. 다행히, 낮은 백신 접종에도 불구하고 불가리아의 의료 시스템은 그 자체로 역량을 입증했으며 부족한 때도 있었지만 심각한 위기는 절대 발생하지 않았다. 의료진은 재정 지원을 받았으며 연금 수급자와 일부 기업도 마찬가지였다.

경제

과거 불가리아의 주요 산업 분야는 농업, 야금, 화학, 기계 제조였다. 그러나 서구인들에게 불가리아는 저렴하고 맛있는 와인, 진하고 향이 좋은 담배, 가장 오래된 산업인 향수용 에센셜 오일인 장미유로 더 익숙할 것이다. 현재 불가리아의 주요 산업은 IT와 통신, 농업, 산업, 제약, 섬유, 소매, 관광 등이며 새로운 수입원도 찾고 있다. 2020년에는 새로운 파이프라인 발칸 스트림이 가동되어 러시아산 가스를 불가리아를 거쳐 유럽, 튀르키예, 기타 국가에 공급하게 되었다. 이 파이프라인은 매년 수억 달러를 수송 요금으로 벌어들이며 국내 인프라에 꼭 필요한 투자를 가능하게 했다. 그 덕분에 불가리아는 영향력을 발휘하여 역내 국가 주체로서 입지를 확보했다.

다른 나라와 마찬가지로, 코로나19 팬데믹은 불가리아 경제에 타격을 주었으나 안정성은 유지되었다. 2021년 4월 최고 실업률은 6.1%로 2008년 경제 위기 당시 경험한 실업률의 약 절반이었으며 2022년 2분기 말에 실업률은 4.7%로 회복되었다. 제약, 슈퍼마켓 체인, 온라인 업체, 배송업체와 같은 특정 기업은 사업이 성장했으며, 팬데믹 관련 제한 및 공급망 문제가 있었지만 2021년 경제는 전체적으로 4.1% 성장했다.

팬데믹 이후 EU는 야심 찬 회복 및 탄력성 계획을 시행했으며 불가리아는 60억 유로 이상 소요되는 국가 계획을 제출하여 2022년 4월에 승인받았다. 이 계획은 에너지, 비즈니스, 인프라, 교육 분야에 100개 이상의 투자 프로젝트를 제시한다. 안정적이고 탄탄한 은행 시스템을 갖춘 불가리아는 점점 더 인기 있는 아웃소싱 대상 지역이 되었다. 보잉, BMW, 제너럴 모터스, 지멘스, 노텔과 같은 거대 기업들이 불가리아의 IT 회사를 고용한다. 비교적 저렴하고 자격을 갖춘 노동력과 낮은 영업세 및 사무실 임대 비용은 투자자들에게 매력적이다.

팬데믹이 발생하기 전에는 관광산업도 빠르게 성장 중이었으므로 글로벌 추세에 맞춰 회복될 것으로 예상된다. 불가리아의 지리적 위치는 일 년 내내 스키는 물론 스쿠버 다이빙까지 다양한 활동을 할 수 있도록 완벽한 기후 조건을 제공한다.

2011년에 유로존에 가입하려던 불가리아의 계획은 유로존 부채 위기로 무산되었으며 현재 2024년에 가입할 수 있을 것으로 예상한다. EU 전역에 걸쳐 일자리를 가진 불가리아인은 100만 명이 넘을 것으로 추정된다.

02

가치관과 사고방식

불가리아의 역사는 복잡하고 드라마틱하다. 오스만의 통치를 받은 500년 동안 불가리아의 사회, 정치, 문화, 교육 분야의 발전은 정체된 상태였다. 지난 150년 동안 일어난 파란만장한 사건들이 불가리아인의 국민성과 세계관에 영향을 주지는 못했다.

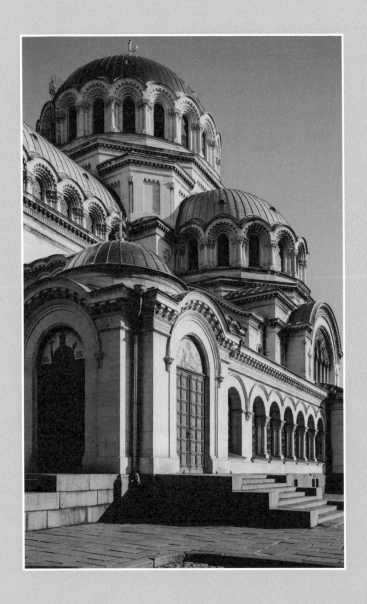

불가리아인의 세계관

국가의 성격은 세 가지 중요한 요소를 바탕으로 결정된다. 먼저 사회·역사적 요소는 국가의 역사, 즉 국가의 운명, 참여했던 전쟁, 사회 계층의 발생 및 발전이 시작된 시간에 내재되어 있다. 두 번째 요소인 지리적 요소는 영토, 지형, 천연자원, 기후, 경제, 그리고 이러한 특성과 국민이 맺고 있는 관계가 독특하게 혼합된 것이다. 마지막으로 문화·교육적 요소에는 일반적인 교육 수준뿐만 아니라 주요 종교, 관습, 전통, 신화, 민속, 문학과 같은 정신적 차원도 포함된다.

불가리아의 역사는 복잡하고 드라마틱하다. 오스만의 통치를 받은 500년 동안 불가리아의 사회, 정치, 문화, 교육 분야의 발전은 정체된 상태였다. 하지만 지난 150년 동안 일어난 파란만장한 사건들이 불가리아인의 국민성과 세계관에 영향을 주지는 못했다.

무엇보다 불가리아인은 매우 실용적이다. 그들은 수 세기 동안 스스로 살아남아야 했으므로 철저한 자립심과 지략, 불가리아인의 가장 큰 특징인 명민함, 자신을 둘러싼 세계와 전 우주에 대한 호기심, 수용성, 그리고 무엇보다 뛰어난 유머 감각을 길렀다. 이와 동시에 수백 년 동안 외세의 억압을 받은 까닭에 순종, 불신, 부패, 외제에 대한 열광, 무엇이든 누구든 비판하는 성향이 나타나게 되었다. 불가리아인이 더 이상 권위를 존중하지 않게 된 계기도 바로 이 암울했던 시기였으며 이런 성향은 오늘날까지 불가리아의 국민성으로 남아 있다.

불가리아인의 생존 본능은 '순응이 항상 더 나은 방책'이라는 믿음으로 이어져 사람들의 의식에 자리 잡게 되었다. '문제를 일으키지 않는다면, 문제는 당신을 괴롭히지 않을 것이다'와 같은 표현의 이면에는 이런 실질적인 이유가 있다. '늑대의 목이 튼튼한 이유는 자기 일을 스스로 처리하기 때문이다'라는 유명한 속담은 불가리아인의 개인주의를 가장 완벽하게 보여준다. 파트너십과 팀워크도 좋지만 성공하고 싶다면 오로지 자신만 믿어야 한다. 불가리아인이 가장 중요하게 여기는 개인의 자질은 기발함이다. "그 사람 어찌나 예리하고 재치가 넘치는지 실을 둘로 갈라 벼룩이 입을 바지를 꿰맬 수 있다니까!"라고 말할 정도로 기발함을 높게 평가한다. 근면한 사람은 존경받고 거들먹거리는 사람은 질책받아 마땅하다. 불가리아 사람들은 "가장 많이 꼬꼬댁거리는 암탉이 알을 제일 적게 낳는다"라는 말을 즐겨 한다.

동서양의 교차점이라는 지리적 축복을 받은 불가리아는 여러 차례 국가적 재난을 겪고 난 후 국가의 특성과 국가적 선택에 대해 오랫동안 고민해야 했다. 현대성은 세계화와 국가 정체성 보존이라는 시급한 문제를 일으킨다. 불가리아인은 엄청난 변화가 닥치더라도 항상 자신들의 민첩성과 유연함, 대담함, 결단력 덕분에 어려움을 이겨낼 수 있다고 생각한다.

가족의 가치

불가리아는 전통적으로 가족 중심 사회이며 확대가족은 촘촘하게 연결되어 서로 크게 의지할 수 있는 지지 네트워크를 형성한다. 능력주의 문화권 사람들의 눈에는 족벌주의처럼 보일 수 있는 일들이 불가리아인에게는 사회가 굴러가는 정상적인 방식일 뿐이다. 사실 이 현상 자체를 가리키는 명칭은 '남편 쪽 형제'와 '아내 쪽 형제'에 해당하는 단어를 조합하여 만든 복잡한 형태인 shurobadzhanashtina여서 영어로 번역하기가 불가능하다. 참고로, 불가리아인 앞에서는 이 단어를 쓰지 않는 게 좋다. 당신이 무슨 말을 하려는지 불가리아인은 짐작도 못할 것이기 때문이다. 불가리아에서는 가족 관계가 매우 중요하며 다양한 남녀 친척을 지칭하는 단어가 20개가 넘을 정도이다.

확대가족은 항상 가깝게 지내면서 인생에서 겪게 되는 세 가지 중요한 사건, 즉 가족의 결혼, 출생, 사망 시 모두 한자리에 모인다. 결혼식에 모든 친척을 초대하지 않거나 아이의 출생 소식을 전하지 않는 것, 부모 또는 직계 가족 중 누군가의 죽음을 알리지 않는 것은 매우 무례한 일로 간주한다.

불가리아는 가부장 사회이기도 해서 남자 가족 중 제일 연장자가 모든 중요한 사안을 최종적으로 결정한다. 이런 방식은 오래된 가족 협동조합에서 유래한 것이다. 가족 협동조합이란 최고 연장자이자 가장 존경받는 남성이 이끄는 사회적 집단으로 최대 20명으로 구성되며 부모, 기혼자 아들과 배우자, 그리고 그들의 자녀가 구성원이었다. 부모의 부모가 아직 생존해 있다면, 그들도 집단 내에서 매우 존경받는 일원이 된다. 4대가 한 지붕 아래 살았던 경우도 있으며 일상생활에서 각 가족 구성원은 엄격하게 정해진 역할을 수행했다. 남자가 밭일을 하고 소와 양을 키우거나 일 때문에 집을 떠나 있는 동안 여자는 집안일과 식량 재배 및 음식 준비, 옷 만들기, 자녀 양육을 맡았다. 남편과 아내는 서로 협력했으며 존중과 명예, 근면의 정신으로 자녀를 양육하고 책임을 분담했다.

사회주의가 삶의 모든 영역에서 남녀평등을 받아들였으나 불가리아의 마을과 소도시에는 지금도 옛날 가족 협동조합의 잔재가 남아 있다. 조부모가 손주 양육에 적극적으로 참여하며 자녀는 결혼할 때까지 부모와 함께 산다. 자녀가 독신일 경우 부모와 함께 살면서 부모를 보살핀다. 늙고 병든 부모를 요양원에 보내는 건 부끄러운 일이라고 생각하기 때문에 성인 자녀는 직장에 있는 동안 부모를 보살필 간호사를 고용한다. 따라서 새로운 시대에 접어들어 결혼제도를 바라보는 새로운 시각과 태도가 등장했다고 해도 여전히 결혼과 출산은 매우 중요한 일로 간주된다. 그런데 불과 몇 년 전만 해도 들어본 적 없던 혼전 동거와 경력을 앞세워 출산을 미루는 일이 도시 젊은이들 사이에서 점차 일반적인 현상이 되고 있다.

불가리아를 방문했을 때 듣는 첫 질문이 "결혼했나요? 아이는 있나요?"여도 놀라지 말자. 불가리아의 부모는 자녀를 사랑하고 아이가 이룬 성취에 엄청난 자부심을 느끼며, 자식 이야기하는 걸 가장 좋아한다. 젊은 세대와 기성세대 간의 유대 관계도 돈독하다.

여성의 역할

"주부 없는 집은 목동 없는 양 떼와 같다."

불가리아 속담

불가리아 여성들은 일반적으로 가정과 사회에서 항상 매우 중
요한 역할을 해왔다. 아버지와 형제, 남편, 아들이 머나먼 전쟁
터에서 싸울 때마다 여성은 들에서 일했다. 게다가 전쟁은 드
물지 않게 일어났다. 66년(1879~1945) 동안 불가리아는 세 번
의 지역 전쟁과 두 번의 세계 대전을 겪었고 그중 네 번은 패
했다. 너무나 많은 생명이 희생되어 1938년에는 기혼 여성과
과부에게도 투표권이 주어졌다. 불가리아 여성들은 해방을 위
해 용기와 추진력, 대담함을 발휘했다. 이들은 하이두트(자유 투
사), 즉 발칸반도의 메이드 메리언(로빈 후드에 등장하는 여주인공-옮
긴이)이 되어 오스만 제국과 싸웠다. 용감한 교사 레이나 크냐
기니아는 1876년 4월 봉기의 깃발에 수를 놓았다. 놀라운 여
성이자 다섯 혁명가의 어머니 바바 (그래니) 통카 오브레테노바
는 대규모 급진 조직인 루세혁명위원회에 피난처를 제공함으
로써 19세기 후반 불가리아 해방의 길을 열었다. 1912~1913년

발칸 전쟁 당시 야전 병원에서 간호사로 자원봉사 중이던 레이나 카사보바는 전투기에 탑승한 세계 최초의 여성이었다. 전투기에 탄 레이나 카사보바는 에디르네의 적군에게 유혈 사태 중단을 호소하는 전단을 뿌렸다.

여성들은 교사, 시인, 배우, 오페라 가수, 작가로서 해방 후 지식계급의 한 축을 이루었다. 하지만 마침내 남성과 여성에게 동등한 권리가 부여된 시기는 공산주의가 정권을 장악한 후였으며, 불가리아 여성은 전문 직업인, 정치인, 학자, 공인, 예술가, 세계적인 운동선수로서 사회 전반에 걸쳐 공공 생활의 모든 영역에 적극적으로 참여하게 되었다. 대학 학위를 보유한 여성의 수는 남성보다 더 많다. 2022년에 24~34세 여성의 39.5%가 대학 교육을 받았지만, 같은 연령대의 남성은 28%만 대학 교육을 받은 것으로 나타났다.

1998년 민주주의 바람이 불기 시작한 이후 많은 여성이 정치, 언론, 공직에서 이름을 알렸다. 경제학자 레네타 인조바는 불가리아 최초의 여성 총리가 되었고, 유럽 통합 장관으로 정치에 입문한 메글레나 쿠네바는 훗날 EU 소비자 보호 담당 집행위원이 되었다. 불가리아 외무장관이던 나데즈다 미하일로바는 민주세력동맹UDF의 대표로 선출되었으며, 2009년 유럽의

회 의원이 되었다. 이리나 보코바는 불가리아의 정치인이자 유네스코 전 사무총장(2009-2017)이다. 또 다른 저명한 불가리아인으로는 2019년부터 국제통화기금IMF 총재를 맡은 크리스탈리나 게오르기에바가 있다. 여성들은 사업 분야에도 진출하여 불가리아 국영 라디오와 휴렛팩커드 불가리아를 이끌어왔을 뿐만 아니라 공직에서 다양한 직책을 맡았다.

불가리아 여성들은 직장과 가정의 균형을 잘 유지한다. 자기 집과 직접 만든 요리에 자부심이 있어서 일반적으로 아내는 퇴근 후 신선한 식재료를 사서 집으로 돌아와 가족을 위해 맛있는 저녁 식사를 준비한다. 일하는 여성은 대다수가 집에서 도움을 받을 수 없으므로 가정 살림을 직접 해야 한다. 다양한 가족 행사에서 손님을 대접하는 일도 여성의 몫이다.

세계 여성의 날(3월 8일)은 어머니이자 직업인인 여성들을 기념하는 날이다(불가리아에는 어머니의 날이 따로 없다). 이날은 모든 관심이 여성에게 집중된다. 외국인 방문객은 불가리아의 모든 여성이 예쁘게 포장한 선물과 꽃을 들고 다니는 모습을 보게 될 것이다. 직장 동료들은 이 특별한 날을 축하하기 위해 퇴근 후 술을 마시거나 저녁 식사를 함께하러 나가는 것이 관례이며 계산은 항상 남자가 한다.

환대와 관대함

"불가리아 사람들은 손님맞이를 잘하나요?
그럼요, 매우 환대합니다. 우리 불가리아인은
귀한 손님을 위해 가장 맛있는 요리를 준비합니다.
제일 좋은 브랜디와 최고급 와인을 가장 비싼
크리스탈 잔에 담아 대접하죠.
손님을 위해 은식기도 꺼냅니다. 우리는 손님이
잔뜩 먹고 마신 후에야 잠자리에 들도록 합니다!
언제든 지인과 함께 우리 집에 '방문'하면 먹고
마실 것을 대접받을 수 있고 밤에는 그냥 재워줄 겁니다.
며칠 동안 머무를 수도 있어요."

티호미르 디미트로프, 작가이자 시인

환대와 관대함은 오스만 제국의 일부로 살았던 수 세기 동안
불가리아인의 윤리 인식에 깊이 자리 잡았다. 해가 진 후 마을
에 도착한 여행자에게 먹고 마실 것, 쉴 곳을 제공하지 않는
것은 그 사람을 거친 비바람이나 짐승, 밖에 도사리고 있는 어
둠의 손아귀에 내팽개쳐 두는 것과 같다. 환대는 전통적인 가

정의 미덕으로, 어릴 때부터 부모가 친구나 이방인 할 것 없이 모두 맞아들여 음식을 대접하는 모습을 보면서 배운다. 디미테르 메토디에프의 시는 이렇게 시작된다. '오, 주여, 우리 집이 갈림길에 있어 누구든 지나가는 이가 들어와 빵을 나눠 먹게 하시고, 여행길에 먹을 음식을 가져가며 감사하고 건강을 기원하며 길을 나서게 하소서.'

불가리아인의 환대에는 늘 자부심이 따른다. 그들은 자기 집, 정원에서 키운 음식 재료, 직접 만든 증류주와 와인에 자긍심을 가질 뿐만 아니라 자신의 손재주와 배우자의 능숙한 요리도 자랑스러워한다. 외국인 방문객이 불가리아의 지인이나 사업 파트너의 초대로 식당에 간다면 당연히 초대한 사람이 음식값을 계산할 것이다. 초대받은 손님이 같이 내자고 한다면 "다음에 내셔도 됩니다"라는 말을 들을 것이다.

손님에게 빵과 소금(hlyab과 sol)을 대접하는 것은 전통적인 불가리아 관습이며 환영의 표시이다. 일반적으로 빵과 소금을 내오는 일은 여성의 몫이다. 불가리아 사람들은 이럴 때 납작한 모양에 화려한 장식을 더한 피타빵을 만든다. 피타를 대접받은 손님은 빵을 조금 떼어내 소금에 찍어 먹는다. 이 관습은 손님이 외국인이든 내국인이든 관계없이 모든 공식 방문에 통용된다.

종교

불가리아는 864년 보리스 1세 통치 기간에 기독교 정교회를 국교로 채택했으며, 현재 불가리아 인구의 절반 이상(59.4%)이 동방 정교회를 믿는다. 불가리아 헌법은 정교회를 공식 종교라고 부르지는 않지만 '전통 종교'로 규정한다. 전후 사회주의 정부는 무신론을 국가의 주요 신조로 삼았으며 2021년 인구 조사 결과 전체 인구 중 21.8%가 무신론자인 것으로 나타났다. 소수 종교에는 이슬람교, 가톨릭교, 일부 동양 종교가 있다. 동양의 종교를 믿는 사람들은 비밀스러운 지식을 얻기 위해 집단이나 모임에 참여하고 대규모 청중을 대상으로 강독과 강연이 진행된다. 또한 다양한 명상과 신체 수련이 이루어지며 전세계에서 라마승, 사제, 설교자들이 가르침을 전하기 위해 불가리아에 온다. 그러나 불가리아 국민 대다수는 기독교 전통을 지키고 있으며 그중 절반 이상이 기독교 정교회를 긍정적으로 본다. 민주주의의 도래와 더불어 국가적 차원에서 수 세기 동안 신앙과 가치를 고양한 덕분에 하느님과 성서에 귀의하려는 경향은 점점 더 강해지고 있다.

여론조사에 따르면 불가리아인 대다수는 종교가 사회에 긍정적 영향을 미친다고 생각한다. 교회와 예배당, 수도원이 지속적으로 신축되거나 재건축되고 있고 고대 성상, 제단, 프레스코화가 복원되고 있으며, 노후된 마을 교회는 개조 후 신자들에게 다시 문을 열었다. 수요가 늘면서 기독교 문학의 출간도 증가했다.

불가리아 교육의 역사는 본질적으로 종교와 관련이 있다. 불가리아의 학교는 15세기에 처음 문을 연 후 지금까지 일반 교육뿐만 아니라 기독교 윤리와 가치도 가르쳤다. 이는 불가리아 교육 전통의 핵심이었다. 오스만 통치 기간에 학교는 국가의 언어와 기독교 신앙을 보존했다. 르네상스 시대에 세속적 교육이 증가함에 따라 종교 교육은 학교 이사회의 요구와 교사 교육에 맞추어 점차 다양한 명칭의 과목(하나님의 율법, 교리문답, 교회사, 또는 전례)으로 가르치게 되었다.

모든 불가리아 가정은 전통적인 기독교 기념일을 축하한다. 대천사, 성인, 순교자의 이름을 딴 영명축일도 널리 많은 이들이 기념해왔다. 지금 불가리아는 정교회 부활절 기간이다.

지역주의, 애국주의, 쇼비니즘

소피아 시민들에게 자신을 정의하라고 하면 먼저 소피아 사람이라고 말한 후 불가리아인이라고 대답할 것이다. '세계 시민'이라고 대답하는 사람은 극소수이고, '유럽인'이라고 대답하는 사람은 더 적을 것이다. 삶이 아무리 고되고 현실이 아무리 불만족스러워도 사람들은 대부분 자신이 불가리아인이라는 것을 매우 자랑스러워한다. 최근 사회학 여론조사에서 나온 이런 결과는 EU 회원 자격과 세계주의보다 우선시되는 전형적인 불가리아 지역주의를 보여준다. 한 가지만 예를 들면, 1879년에 소피아가 플로브디프를 근소한 차이로 꺾고 영예롭게 불가리아의 수도가 된 이후 두 도시의 시민들은 극단적인 경우 편협함에 가까울 정도로 치열한 경쟁을 벌여왔다.

애국심은 역사에 깊은 뿌리를 둔다. 사실, 철학자 한나 아렌트가 말했듯이 애국심은 '국가적 사명'이다. 불가리아의 국가 정체성에서 항상 빼놓을 수 없는 부분이 애국심이었다. 불가리아인들이 여러 차례 직면했던 충돌과 전쟁의 시기에 국민의 용기를 북돋우고 그들이 분연히 일어나게 하려고 의식적으로 애국심이 고취되었다. 그뿐 아니라 수동성과 비관주의에 맞서는 등 이념적 이유 때문에도 애국심이 필요했다. 특히 1970년 대에 폭발적인 애국심을 발휘한 사람이 있었다. 바로 공산당 서기장이자 국가 원수였던 토도르 지프코프의 딸 류드밀라 지 프코바였다. 문화부 장관으로서 국가 정체성과 드높은 국가적 자부심에 중점을 둔 문화 정책을 추진했던 지프코바는 1981년 에 열린 '13세기 불가리아'라는 성대한 기념행사와 1979년에 처음 개최된 국제 어린이 총회 '평화의 깃발'에 대한 아이디어 를 제안했다. 지난 20년 동안 200만 명이 넘는 불가리아인이 해외로 이주했지만, 여론조사에서 알 수 있듯이 지금도 불가 리아인 대다수는 유럽인 또는 세계 시민이라기보다는 불가리 아의 애국자이다.

21세기인 지금도 발칸반도에서 애국심과 국수주의는 종이 한 장 차이다. 불가리아는 민주주의를 받아들인 후 대부분 합 리적 외교 정책을 추구해왔다. 그러나 발칸반도의 역내 정치 상황은 조금씩 변하고 있다. 마케도니아의 EU 가입과 관련하 여 회담 개시 날짜를 정하는 것에 불가리아가 거부권을 행사 했을 때 불가리아 정치계에 '대★불가리아' 국수주의가 재등장 했다. 불가리아는 1992년에 마케도니아 공화국을 처음으로 인 정했으나 일반적으로 불가리아 사람들은 마케도니아 언어 혹은 사실상 마케도니아 국가를 독립된 존재로 인정하지 않는다. 그들은 마케도니아어를 불가리아어의 방언으로, 오늘날 마케도니아 영토에 살고 있는 사람들을 불가리아 민족의 후손으로 생각한다. 요약하자면, 발칸반도에서 마케도니아 문제는 지속적으로 뜨거운 문제를 야기하고 있다.

다른 사람에 대한 태도

특히 젊은 세대에서 변화의 움직임이 있다고 해도 불가리아 사회는 전반적으로 개인주의보다는 집단주의가 더 강하게 나타난다. '프라이버시'는 외래어이고 불가리아어에는 프라이버시의 동의어가 없다. 프라이버시는 대략 '사적 공간'으로 번역되며 영어에서 직접 가져온 다른 신조어와 더불어 새롭게 추가된 단어이다. 불가리아에서 가족, 친척, 친한 친구는 동일 집단에 속하며 특별 대우를 받는다. 많은 외부인에게는 이런 모습이 족벌주의처럼 보이겠지만 지금도 불가리아 사회에서 볼 수 있는 전통적인 특성이다. 불가리아 사람들은 이 집단에 속하지 않는 외부인에게는 무관심과 심지어 의심의 눈길을 보낸다. 이런 집단적 소속감은 '우리 대 그들'이라는 사고방식을 조장하며 누군가 지적했듯이 타인에 대한 고정관념과 심지어 인종주의가 넘쳐나게 하는 토대가 된다.

이를 가장 잘 보여주는 예는 민족주의 정당인 아타카^{ATAKA}(불가리아어로 '공격'이라는 뜻-옮긴이)당의 존재이다. 아타카당은 '불가리아인을 위한 불가리아'를 약속하며 2009년 선거에서 24%의 득표율을 기록했다. 아타카당과 당의 지도자는 롬족과 불가리아 튀르크족과 같은 소수 민족을 불가리아 국민으로 통합하는 것에 강력히 반대했다. 아타카당의 뒤를 이은 바즈라즈단(부흥)당은 2021년 치러진 세 번의 선거에 모두 참여하여 11월 의회에서 13석을 확보했다. 여론조사에서는 2022년 가을 총선에서 이 민족주의 정당이 더 많은 의석을 차지할 것으로 예측한다. 유럽 통합에 회의적이고 반나토 성향이 강한 이 당의 대표는 우크라이나가 러시아의 공격을 받았을 때 불가리아와 우크라이나의 연대를 반대하는 시위를 조직했다.

직업관

'성급하게 한 일은 장인을 부끄럽게 한다.'
'일은 토끼가 아니므로 달아나지 않을 것이다.'

불가리아 속담

불가리아의 직업관을 한마디로 요약하기는 어렵다. 상황이 복잡하기 때문이다. 우선, 자신과 가족을 위한 노동과 고용주든 고객이든 타인을 위한 노동은 뚜렷하게 구별된다. 불가리아인 대다수는 자신이나 가족을 위해 열심히 일하는 게 당연하고 필수적이며 마땅하다고 생각한다. 그러나 공산주의 정권하에서 수십 년 동안 열심히 일하든 그렇지 않든 모두 낮은 고정 급여를 받으며 살았고 그때 경험은 전후 사회주의 국가에 사는 세대의 직업관에 큰 영향을 미쳤다. 공산주의 치하에서 사람들은 자신이 하는 일에서 주도성과 수완을 발휘할 만한 경제적 동기나 기회를 전혀 얻지 못했다. 따라서 변화의 주체가 될 수 없다는 생각 때문에 냉담해진 상태를 가리키는 심리학 용어인 '학습된 무기력'의 행동 패턴을 많은 사람이 받아들이게 되었다. 이는 결국 의사 결정과 주도권을 권위자에게 맡기는 결과를 낳았다.

노동에 대한 태도를 살펴볼 때 나이도 중요한 요소이다. 사회주의하에서 직장 생활을 시작한 구세대는 일을 전형적인 자아실현으로 여겼던 반면, 젊은 세대는 대부분 노동 자체보다는 노동의 결과물, 즉 돈으로 살 수 있는 무언가로부터 성취감을 찾는다. 다소 놀랍게도, 최근 젊은 세대를 대상으로 한 설문조사 결과를 보면, 열심히 일하는 것이 재정적 성공의 열쇠라고 답한 사람은 15%에 그쳤지만, 열심히 일해서 부자가 될 수 있는 건 아니라고 답한 응답자가 71%였다. 공산주의 사고방식이 여전히 영향을 미치고 있다는 걸 보여주는 결과이다.

시간에 대한 태도

언어를 보면 그 문화가 시간을 어떻게 다루는지 많은 것을 알 수 있다. 불가리아인의 경우 성급한 반응은 거의 언제나 실수 또는 잘못된 결정으로 이어지기 때문에 시간적 여유를 두는 것을 좋아한다. 불가리아에서 매우 자주 듣게 되는 말을 보면 이 사실을 잘 알 수 있다. 예를 들면 "서두르면 쓸모없게 된다",

"성급한 등반가는 갑자기 넘어진다", "서두를수록 속도가 안 난다", "어미 앞의 송아지처럼 뛰지 마라"와 같은 말이 있다.

불가리아에서 거주하거나 직장 생활을 하는 외국인을 괴롭히는 일이 있다면 바로 불가리아인의 시간관념과 시간 엄수 문제이다. 불가리아 사람들은 약속한 시각보다 무려 한 시간이나 늦게 나타나는 때도 있다. 약속뿐만 아니라 그들이 하는 말을 신뢰할 수 있는가도 중요한 문제다. 어떤 불가리아인이 당신을 점심 식사에 초대하면서 이틀 후에 전화로 장소를 알려 주겠다고 해놓고 연락 한번 없다가 약속 당일에 나타날 수도 있다. 서양에서처럼 "조만간 만나서 술 한잔 하자"는 말을 자주 듣겠지만 별 뜻 없이 하는 말이며 그게 예의라고 생각해서 하는 말일 뿐이다. 한 번에 한 가지 일을 하는 데 익숙한 단일 시간(순차적) 문화 출신의 외국인들이 당연히 불만을 가질 만하다. 불가리아 문화는 다중 시간형이어서 또 다른 일이 발생하면 그에 맞춰서 당면한 일을 조정해야 하기 때문이다. 시간을 다루는 이러한 방식은 현재나 미래에 유사한 상황에 놓일 때 소중한 경험으로 활용되는 과거의 지식과 관련 있으며 매일 상황에 따라 잘 조율된다. 불가리아 사람들은 사회적 규범이나 규정보다는 사람들 간의 정서적 교류를 더 중요하게 여긴다. 실제로 수시로 시간을 확인하기보다는 관계 형성을 위해 필요한 만큼 충분한 시간을 쓴다는 의미이다. 불가리아 국민 영웅인 바실 레프스키는 편지에 이렇게 쓰기도 했다. "우리는 시간 안에 있고, 시간은 우리 안에 있다. 우리는 시간을 바꾸고 시간은 우리를 변화시킨다." 시간을 주인이 아닌 동등한 존재로 대하는 것이 불가리아인의 특징이다.

개인주의와 집단주의

'단결된 군대는 산을 옮길 수 있다.'
'혼자 힘으로 살아라.'

불가리아 속담

불가리아인은 복잡한 역사적, 정치적, 사회적 변화를 겪고 난 후 개인주의와 집단주의가 혼재된 난해한 특성을 가지게 되었다. 이와 같은 양면성은 오스만 통치하에 확립된 특정한 사회 및 경제 구조에서 시작되었다. 종교적 정체성에 따라 분리된 오스만 신민들은 전통적인 가부장적 가치가 지배하는 농업 또는 장인 공동체에 살면서 자치권을 가졌다. 근면, 애국심, 검소함, 연대, 좋은 이웃 관계, 환대의 가치는 불가리아의 국가 정체성을 보존하는 근간이었다.

사회주의 시대의 이념과 정책은 불가리아의 전통문화 세계를 파괴하는 한편, 국민정신에 흐르고 있는 근면성과 집단주의를 이용하고 발판으로 삼았다.

1990년대에 다시 한번 불가리아인의 삶에 급격한 변화가 일어났다. 45년간의 사회주의 통치 이후 등장한 신자유주의 자본주의와 새로운 정보 기술은 소비주의 사회로 가는 장을 마련했다.

오늘날 불가리아 젊은이들은 선진국의 다른 젊은이들과 마찬가지로 인터넷에 능숙하고 서양 대중문화를 즐기며 외국어를 구사할 뿐 아니라 마이애미, 마드리드, 밀라노에서 편안함을 느낀다.

불가리아를 찾은 방문객이 수도를 떠나 시골로 가면 집단주의 사고방식을 충분히 접할 수 있을 것이다. 시골에서는 전통적인 불가리아식 환대를 직접 경험할 수 있다. 시골 사람들은 손님이 배불리 먹을 때까지 음식을 대접하며 거실의 새 가구를 구경시켜주기도 하고 하룻밤 묵고 가라고 하면서 어떤 거절도 받아들이려고 하지 않는다. 반면, 도시에서는 아이러니한 장면을 목격하게 된다. 모든 EU 국가의 수도 중에서 소피아는 1인당 GDP가 최하위이지만 값비싼 메르세데스 자동차가 가장 많은 곳이 소피아이다. 도시에서 가장 좋은 차, 가장 비싼 주택, 가장 멋진 옷을 소유하기 위해 끊임없는 경쟁이 벌어지고 있다. 친구와 가족 및 친척이 여전히 중요하긴 하지만, 도시에서는 개인의 성공이 점점 더 중요해지고 있다.

합리성과 감성

"일반적으로, 불가리아인은 감정을 분출하거나
마음을 잘 드러내는 편이 아니다. 그들은 마음속
가장 깊은 생각과 비밀스러운 욕망, 의도를
가장 가까운 사람에게도 잘 털어놓지 않는다.
불가리아인은 기쁜 일도 슬픈 일도 오롯이
혼자 감당하며 산다. 이런 극단적인 절제는
타인과 관련하여 어떤 의심뿐만 아니라 일종의
수줍은 천진무구함을 보여주는 것으로,

그 누구도 마음속 가장 비밀스러운 방에
들어오지 못하게 한다. 불가리아인은 친근한 태도,
특히 외국인이 보여주는 친근함을 가식적이라고 생각한다.
친근한 태도를 의심하고 뭔가 이유가 있어서
친근하게 군다고 확신하게 된다."

토도르 파노프, 불가리아 사회학의 아버지

1914년에 파노프는 이제 막 정치적, 사회적, 경제적 격변기를 지나온 사람들에 관해 글을 쓰고 있었다. 100년이 지난 후 우리는 또 다른 격동의 100년이 남긴 결과물을 보고 있다.

불가리아인은 냉정하고 침착하다. 자의식이 매우 강하기 때문에 지나치게 흥분된 반응을 보이는 경우는 거의 없다. 그들이 군중 심리에 쉽게 휘둘리지 않고 평소 극단적인 상황에서 자제력을 발휘하는 이유가 여기에 있다고 할 수 있다. 합리성과 실용주의는 불가리아에서 매우 중요하게 여기고 기준으로 삼는 덕목이다.

감정적 측면에서 불가리아인은 국가 정체성에 대하여 자부심을 느끼는 동시에 수치심도 함께 느낀다. 이는 잘못된 정치적 선택, 심각한 손실, 외부인에게 장기간 의존했던 일, 국가적

대의를 지킬 수 없었던 무능함이 두드러졌던 국가의 복잡하고 모순된 역사적 운명을 반영한다. 불가리아인은 자국의 부정적인 모든 면을 가장 신랄하게 비판하는 당사자이지만 같은 약점을 외국인이 비판하기 시작하면 방어적으로 격렬하게 반응할 것이다. 흥미롭게도 최근 몇 년 동안 부족한 정치, 경제적 발전에 대한 사회의 반응은 더욱 양극화되고, 감정적이며 뚜렷해졌다.

처음에는 불가리아인이 너무 진지하고 내성적이며, 잘 웃지 않는다는 인상을 줄 수 있다. 이는 외국인이 의심과 불신을 불러일으켰던 시대로부터 물려받은 또 다른 특징이다. 하지만 일단 새로운 사람을 알게 되면 불가리아인은 지나치다 싶을 정도로 매우 친해진다. 그들은 시끄럽고 보디랭귀지를 많이 쓰며 마치 그들의 지중해의 '사촌'처럼 행동한다.

나이, 지위, 권력에 대한 존경

불가리아와 같은 전통문화에서 어른 공경은 아이들이 가장 먼저 배우는 가족의 가치일 것이다. 나이가 많은 사람은 존경받으며 최고 연장자가 가장 공경받는다. 예전에는 젊은 사람이 집에 돌아오면 가족 중 어른의 손에 입을 맞추는 것이 관례였다. 모든 문제에 대해 가장 먼저 가장에게 조언을 구한 후 그 조언을 그대로 따랐다. 젊은이는 어른이 말할 때 절대 끼어들지 않았다. "먼저 말을 걸지 않으면 절대 말하지 말라"는 규칙은 젊은 사람들의 행동 패턴에 깊이 내재되어 있었다. 이제는 시대가 바뀌어 아무도 손에 입을 맞추지 않으며 다른 방식으로 존경을 표현한다.

불가리아어에는 존경심을 분명하게 표현하는 여러 가지 단어가 있다. 렐리야(아줌마)와 치초(삼촌)는 젊은 사람들이 부모의 친구나 이웃과 같이 친척이 아닌 나이 많은 사람을 부를 때 쓰는 말이다. 젊은 남자가 연장자에게 이야기할 때 이름 앞에 '바이'를 붙이는데, 이는 연장자의 나이와 지혜에 대한 존경을 나타낸다. 특히 마을에서는 친척이 아닌 사람들이 노인을 부를 때 존칭(Madam 또는 Sir) 대신 바바(할머니) 또는 디아도(할아버지)라고 부르기도 한다.

사회적 지위와 정치 또는 경제적 권력에 있어서는 상황이 매우 다르다. 불가리아인이 전반적으로 권력에 대하여, 특히 정치인에 대해 존경심이 부족한 주요 원인은 다시 한번 역사를 들 수 있다. 가장 훌륭하고 뛰어난 불가리아의 고전 작가라고 할 수 있는 알레코 콘스탄티노프는 그의 유명한 인용문에서 모든 정치인을 '마스카라'(어릿광대)라고 부른다. 정치 지도자들에게 수없이 배신당한 불가리아 사람들은 정치인을 별로 존경하지 않으며, 오늘날에도 여전히 그렇다. 부패한 정치인은 불가리아 사람들이 가장 좋아하는 토론 주제이다. 불가리아의 일반인들은 부자, 특히 신흥 부자에 대한 존경심도 거의 없다. 왜냐면 정직한 방법으로 그렇게 빨리 부자가 될 수 있다고 생각하는 사람은 아무도 없기 때문이다. 또한 불가리아 사람들은 잘나가는 기업가와 사업가를 종종 부러움과 질투의 눈초리로 보기도 한다.

도전에 맞서는 MZ 세대

불가리아의 젊은이들은 현대적이고 정보에 밝으며 세상에 개방적이다. 이동성이 뛰어나고 한 가지에 몰두하며 연결되어 있고 창의적이다. 그들은 부모가 달성할 수 있었던 것 이상으로 삶의 질을 향상할 방법을 찾고 있으며 국내에서, 그리고 많은 사람이 학업과 직장을 위해 찾아가는 해외에서 위험을 감수하는 사람들이다. 편리한 정보 접근성 및 새로운 소셜 네트워크와 더불어 민주적 선택과 이동의 자유라는 이점은 젊은 불가리아인들에게 부모는 한 번도 갖지 못했던 기회를 제공했다. 불가리아 젊은이들이 다른 EU 국가의 젊은이들과 같은 재정적 또는 문화적 여건에서 살고 배우고 일하는 건 아니겠지만 서로 비슷한 문제를 마주하고 있으며 행복, 재정적 안정, 자유라는 비슷한 목표를 가지고 있다.

서구의 많은 지역에서처럼 동거, 무자녀, 한 부모로 사는 추세가 최근 10년 동안 특히 젊은 세대 사이에서 더욱 일반화되고 사회적으로 용인되었다. 현재 불가리아 젊은이들은 불가리아의 EU 가입에 따라 증가하는 국제 협력과 무역의 혜택을 누리지만 국내에서는 어려움에 직면하고 있다. 2021년 불가리아에서 취업이나 진학할 생각을 하지 않으면서 직업훈련조차 받지 않는 젊은 층인 니트족[NEET]의 비율이 EU 평균보다 높았다. 불가리아 청년(15~29세)의 18%는 공부도 일도 하지 않았고, 33%는 학업 중에 있었으며, 43%는 정규직으로 일한 것으로 나타났다.

03

관습과 전통

불가리아인들은 자연과 자연의 선물, 춤과 음악에 대한 사랑, 그리고 무엇보다도 그들의 유대감을
찬양한다. 어떤 면에서 이 나라는 일 년 내내 라이브 공연과 이벤트로 변화무쌍하다. 운 좋게 적절
한 시기에 시골에 갈 수 있다면, 민속 의상을 입은 마을 사람들이 조상들의 고대 축제를 재현하는
모습도 볼 수 있다.

공휴일

불가리아의 모든 공휴일은 노동법에 규정되어 있다. 과거에는 공휴일이 화, 수, 목요일이면 휴일을 길게 쓰기 위해 월요일이나 금요일을 공휴일로 지정했다. 그러나 2016년에 산업계가 징검다리 휴일 때문에 매년 3~4억 레바의 경제적 손실이 발생한다고 추산하면서 이 관행은 중단되었다.

불가리아에서 공휴일은 학교를 포함한 모든 공공기관에 적용된다. 하지만 불가리아의 사상가와 문화 선구자를 기념하는 11월 1일에는 학교와 대학만 문을 닫는다. 소피아 국립대학교의 수호성인 오흐리드의 성 클레멘트의 날인 12월 8일에는 대학들이 자체적으로 기념행사를 연다.

주요 종교 행사

[크리스마스]

크리스마스는 중요한 종교 기념일로 이교도와 기독교 전통이 모두 풍부한 불가리아에서는 독특한 방식으로 예수의 탄생을

크리스마스에는 가정의 의식용 빵에 은화를 넣어 굽는다. 그 은화를 찾는 사람에게 다음 해에 행운이 찾아올 것이다.

축하한다. 기독교와 기독교 이전의 많은 의식이 새해에 행운과 기쁨이 가득하기를 기원한다. 축하 행사는 크리스마스이브(부드니 베체르) 저녁 식사와 함께 시작된다.

　크리스마스이브 식탁은 채소로 만든 요리로만 차리고 가짓수는 홀수여야 한다. 의식용 빵은 반드시 있어야 하며 세 가지 종류의 빵을 올린다. 하나는 크리스마스용 빵이고, 다른 하나는 집과 농장을 위한 빵, 세 번째는 나중에 올 콜레다리(명절 이름을 따서 부르는 캐럴 가수의 명칭이며 불가리아어로 '콜레다'라고 함)를 위한 빵이다. 가정의 의식용 빵에는 은화를 숨겨놓는다. 빵의 첫 조각을 잘라서 집안의 안녕을 위해 봉헌하고 나면 가장 연장자부터 시작하여 가족 모두 빵을 먹는다. 누구든 은화가 들어있는 빵 조각을 가진 사람은 행운이 가득한 한 해를 보내게 된다. 식사 후에는 식탁을 치우지 않고 그대로 두어 세상을 떠난 이들의 영혼이 와서 밤새 마음껏 음식을 먹게 한다.

그런 다음 시골에서는 한껏 차려입은 콜레다리 무리가 모여서 밤새 집마다 돌아다닐 준비를 한다. 악마, 뱀파이어, 악귀가 여기저기 돌아다닐 때 그런 사악한 무리를 쫓아버릴 수 있는 건 콜레다리의 노래뿐이라는 믿음이 오래전부터 전해 내려오기 때문에 이 관행을 엄격하게 지킨다. 콜레다리는 마을에서 가장 중요한 사람들인 시장, 사제, 교사의 집부터 돌기 시작한다. 서양의 캐럴 가수들과 달리 콜레다리의 각 구성원은 노래를 부르는 일 외에 각자에게 주어진 역할을 수행해야 한다. '할아버지'와 '할머니'는 코미디언이고 선물 수집가는 음식과 돈을 걷는 역할을 하며 가이다(백파이프)를 연주하는 연주자도 있다. 콜레다리 무리는 가장 연장자부터 가장 어린아이까지 각 가족 구성원에게 장수, 건강, 사랑, 기쁨, 풍요로움을 기원하면서 노래를 부른다. 하지만 가장 아름다운 노래는 태양보다 더 밝게 빛나는 아름다움을 지닌 매력적인 처녀들에게 바친다. 콜레다리의 중요한 임무는 자연이 재탄생하고 우주에 새로운 질서가 자리 잡은 것을 알리는 것이다.

크리스마스에는 모든 이가 식탁에 다시 모인다. 식탁에는 구운 새끼 돼지와 레드 와인이 즐거워하는 친척과 친한 친구들을 기다리고 있다.

[부활절]

정교회 기독교인들에게 부활절은 가장 신성한 기념일이다. 그리스도의 부활은 그분이 하느님에게서 왔다는 궁극적 증거로 간주되기 때문이며, 이는 신자들에게 종교적 열정을 불러일으키는 원천이다. 사람들은 부활절 일주일 전부터 축제 준비를 한다. 보통 목요일이나 토요일에 부활절 달걀에 색을 칠하고 성금요일에는 절대로 달걀에 색칠하지 않는다.

할머니는 아이들이 한 해 동안 건강하고 강해지기를 바라며 그리스도의 피와 생명, 승리를 상징하는 붉은색을 칠한 첫 달걀로 아이들의 이마에 십자가를 그린다. 붉은 달걀은 가정의 성상 앞에 놓거나 처녀의 혼인 지참금 함에 넣기도 하고 들판에도 묻는다. 성목요일에 여자들이 부활절 빵을 만들기 위해 반죽을 시작한다. 불가리아에서 부활절 빵은 지역에 따라 이스터 번, 주님의 빵, 계란빵, '트위스트' 또는 "돌" 등 다양한 이름으로 불린다. 일반적으로 부활절 빵은 홀수의 붉은색 또는 하얀색 달걀로 장식하며 반죽이 달걀을 감싸도록 꼬아서 만든다. 여자들은 중앙에 빨간색 달걀이 들어가도록 만든 더 작은 이스터 번도 준비한다. 이 달걀은 첫 손님, 남편의 형제, 아내의 형제에게 준다.

부활절 행사는 3일 동안 이어진다. 정교회의 부활절 예배는 토요일 밤 자정이 되기 두 시간 전에 시작된다. 신자들은 붉게 칠한 달걀을 하나씩 가지고 오며, 사제가 그리스도의 부활을 선포하면 모두가 기뻐한다. 회중은 달걀을 먹음으로써 부활절 금식을 끝낸다. 모든 신자는 불이 켜진 초를 들고 교회를 나와 촛불이 꺼지지 않게 조심하며 집으로 간다.

일, 월, 화요일에는 기쁨의 축하 행사가 이어지고 전통에 따라 사람들은 광장에 모여 춤을 춘다. 이때 부모들은 춤추는 이들을 자세히 지켜보면서 장차 아들, 딸의 배우자가 될 사람을 고른다. 모두가 새 옷을 입고 나오며, 특히 여자아이들은 자신이 근면하고 손수 드레스를 만들었다는 것을 보여주기 위해 새 옷을 입는다. 이 시기가 바로 친척들을 방문할 때이며 이때는 어디를 가든 푸짐한 식탁이 기다리고 있다. 사람들은

"예수님이 부활하셨나이다"라는 말로 서로에게 인사하고 "참으로 그분께서 부활하셨나이다"라는 말로 화답한다.

【 성 조지의 날: 5월 6일 】

성 조지의 날은 모두가 알고 있는 불가리아 정교회의 가장 큰 기념일에 속한다. 신자들은 농부의 수호성인을 기념하고, 비신자들은 영명 축일(조지는 불가리아 남성들에게 가장 인기 있는 이름)과 군인들의 용기와 회복력을 기리는 불가리아 군대의 날을 기념한다. 성 조지는 군대의 수호성인이기도 하다.

불가리아의 민요는 '부활절도 좋지만 성 조지의 날은 더 좋다'라고 노래한다. 이날은 여름이 다가왔고 본격적인 농사철이 시작되었다고 알리는 날이다. 불가리아 사람들은 성 조지의 날에 비가 오면 그해에 풍년이 든다고 믿는다. '성 조지의 날에 빗방울이 떨어질 때마다 지갑에 금화가 들어온다'라는 속담도 있다. 그래서 이날에는 많은 의식이 거행되며 그중 가장 중요한 행사는 희생양을 도축하는 것으로, 늘 그렇듯 가장 먼저 태어난 숫양을 잡는다. 이른 아침, 꽃과 허브로 만든 화관으로 양을 장식하고 뿔에는 양초를 달아놓는다. 그런 다음 의식에 따라 양에게 신선한 풀을 먹이고 소금을 주어 핥게 한다. 그렇게 하면 내년 한 해 동안 다른 모든 동물이 먹을 먹이가 충분하다는 믿음에서 전해오는 전통이다.

풍성한 수확을 바라며 붉은색 부활절 달걀을 밭에 가져가서 묻는 전통도 있다. 한편 가족 중에서 제일 먼저 일어나는 사람이 풀밭에 나가 쐐기풀을 따서 가족 모두의 맨발을 그 풀로 쓸어주면 일 년 내내 나쁜 기운이 따라다니지 않는다고 한다. 특별한 의식으로, 타원형 빵(피타)을 준비하고 양, 목동, 밀짚 형상으로 장식한다.

성 조지의 날은 공동체의 큰 명절이다. 많은 사람이 함께 모여 먹고, 춤추고, 즐겁게 지낸다. 구운 양고기를 먹은 후에는 그 뼈를 땅에 묻는다. 불가리아의 시골에 가면 아직도 이런 의식을 볼 수 있다. 도시에 사는 사람들은 가능한 한 전통을 따르려고 양고기를 산다. 수비대가 있는 모든 대도시에서는 군사 퍼레이드가 열리고, 사람들이 전통춤인 호로와 라체니차를 추는 광장에서는 오케스트라 공연이 펼쳐진다.

중요한 시민 행사

【 새해 】

크리스마스가 가족 중심의 휴일이라면 새해는 친구들과 모여서 야외 콘서트나 불꽃놀이를 보러 가거나 시내 곳곳에서 열리는 신나는 파티를 즐기기에 완벽한 때이다. 자정 직전에 불가리아 대통령이 국민에게 신년사를 전하고 카운트다운이 시작된다. 자정에 맞춰 국가가 연주되고 모두 국가를 따라 부른다. 여기저기서 눈물짓는 모습을 볼 수 있을 만큼 불가리아 사람들은 감정적이고 애국심이 강하다. 사람들은 새해 첫날 이른 시간까지 마음껏 술을 마시고 춤추고 노래하지만 그 후에는 성 바실 축일, 이어서 성 요한 축일과 성 요르단 축일이 찾아오고 10개의 영명축일이 더 이어진다. 1월은 진정한 축하와 파티의 달이자 친구와 친척을 찾아가는 달이다. 새해를 시작할 때는 수로바카네 전통을 지킨다. 어린아이들이 아름답게 장식된 층층나무나 버드나무 잔가지를 가지고 돌아다니면서 관습에 따라 나이 많은 친척과 심지어 낯선 사람의 등을 '때리며' 행운과 건강, 부를 기원하고 그 대가로 용돈이나 과자를 받는다.

【 해방절: 3월 3일 】

불가리아의 해방절은 영국이나 캐나다의 '영령 기념일'과 마찬가지로 엄숙한 기념일이다. 이날 불가리아 사람들은 조국의 자유와 독립을 위해 싸우다가 목숨을 잃은 수만 명의 영웅을 기억하며 그들의 위대한 애국적 노력을 기린다. 대도시의 대성당에서 열리는 특별 전례와 도시 광장에서 열리는 의식은 기념행사의 시작을 알린다. 수도에 있는 성 알렉산더 넵스키 대성당에서 거행되는 성대한 전례는 불가리아 정교회 수장인 총대

3월 3일 해방절을 맞아 네세바르의 문화교육센터 아트리움에서 민속무용수들이 공연을 펼치고 있다.

주교가 집전하며 정치인, 공인, 저명한 시민들이 참석한다. 많은 불가리아인은 순국선열의 용기와 자기희생을 기억하고 기념하기 위해 전사자들의 기념비에 헌화한다. 오케스트라와 공연단은 대중을 위해 활기찬 음악과 민속무용을 선보인다.

【 성 키릴과 메토디우스의 날: 5월 24일 】

이날은 알파벳, 문화, 교육의 날로도 알려져 있다. 성 키릴과 성 메토디우스는 정교회에서 가장 유명한 성인이다. 1980년에 교황 요한 바오로 2세가 이 두 형제를 유럽의 공동 수호성인으로 선언했을 뿐만 아니라 불가리아의 모든 교회에서 두 성인의 성화를 볼 수 있다. 러시아, 구 마케도니아 공화국, 체코 공화국, 슬로바키아 모두 9세기에 슬라브 문자를 만든 이 두 형제를 기념한다. 불가리아에서는 모든 연령대의 학생들이 꽃과 초록색 가지를 가져와 교문을 장식할 화환을 만든다. 최초의 기념행사는 1851년 5월 24일 플로브디프의 성 키릴 메토디우스 고등학교에서 열렸다. 오늘날 학생들은 거리 행렬, 콘서트, 전시회 및 다양한 문화 행사에 참여하고, 고등학교 졸업반 학생들은 졸업 파티를 준비한다. 이날은 전국의 학생들에게 일년 중 가장 신나는 날이다.

영명축일

일 년 중 날마다 성인의 이름을 붙이는 가톨릭 전통과 달리, 불가리아의 영명축일은 동방 정교회의 성인뿐만 아니라 성서의 사건과도 관련되는 날들이다. 일 년 내내 130개가 넘는 영명축일이 있으며 그중에는 성 조지의 날이나 성모 마리아의 날(보고로디차)처럼 중요한 종교적 휴일도 있다. 또 다른 기념일인 테오도르의 날(토도로프덴)에는 4세기 성 테오도르의 전설과 관련된 경마 행사가 열린다. 테오도르는 백마를 타고 올라가 하느님에게 여름을 세상에 보내달라고 간청한 인물로 전해지며 그래서 이날은 말 부활절로도 알려져 있다. 토도로프덴은 갓 결혼한 신부를 위한 날이기도 해서 건강과 다산을 기원하는 의식이 열리고, 젊은 신부는 시댁 식구들의 인정을 받기 위해 빵을 굽는다. 또 다른 전통에 따라 새 신부는 작은 빵 한 묶음을 준비하여 친구와 친척들에게 나눠주고 빵을 받은 사람들은 신부가 앞으로 자녀를 많이 낳도록 기원한다.

요르단의 날(요르다노프덴)은 성인이 아니라 기독교의 중요한 사건, 즉 예수가 요르단강에서 세례를 받은 일과 관련이 있다. 이날 정교회 사제들이 금속 십자가를 강이나 바다, 호수에 던

매년 1월 6일, 불가리아 남성들은 공현절을 축하하기 위해 칼로퍼 마을의 얼음장같이 차가운 툰자강에 들어가 춤을 춘다.

지면 청년들은 십자가를 찾아오기 위해 물에 뛰어든다. 누구든 십자가를 가져오는 사람은 일 년 내내 건강하고 행운이 찾아온다는 풍습이 있다.

전통적으로 손님은 초대받지 않아도 영명축일 파티에 참석할 수 있다. 주최자는 그들을 찾아와 행운을 빌어주려는 이들에게 대접할 음식과 음료를 준비해두어야 한다. 많은 영명축일이 특정 음식과 관련이 있다. 예를 들어, 선원과 어부의 수호성인의 날인 성 니콜라스의 날에는 전통적으로 생선을 먹는다.

영명축일은 생일보다 더 세심하고 멋지게 축하하는 경우가 많은데 이날은 더 많은 손님과 선물이 찾아오고 덕담도 더 많이 듣는다. 불가리아 사람들이 영명축일을 기념하고 축하하는 데 이렇게 많은 관심을 쏟는 걸 보면 이름과 그 이름이 지닌 명예가 얼마나 중요한지 알 수 있다. 젊은이들은 바나 레스토랑에 모이는 것을 더 좋아하겠지만 음식과 음악, 축하 행사에는 그날의 수호성인과 관련된 전통이 반영될 것이다.

자연 축제와 민속 축제

불가리아인들은 공휴일뿐만 아니라 다른 때도 즐거운 시간을 보낸다. 그들은 자연과 자연의 선물, 춤과 음악에 대한 사랑, 그리고 무엇보다도 그들의 유대감을 찬양한다. 어떤 면에서 이 나라는 일 년 내내 라이브 공연과 이벤트로 변화무쌍하다. 운 좋게 적절한 시기에 시골에 갈 수 있다면, 민속 의상을 입은 마을 사람들이 조상들의 고대 축제를 재현하는 모습을 볼 수 있다. 젊은이와 노인 모두 똑같이 화려한 옷을 입고 과거와 같은 음악에 맞춰 같은 춤을 춘다. 유명한 호로의 첫 몇 소절만

들어도 축제 행렬에 뛰어들어 다른 사람들과 발맞춰 깡충깡충 뛰고 싶어진다. 모든 축하 행사에는 항상 음악과 춤이 빠지지 않는다.

3월 1일 무렵이면 사람들이 옷깃이나 손목에 빨간색과 흰색 털실을 꼬아 만든 마르테니차를 착용하고 다니는 모습을 볼 수 있다. 이 신비로운 부적을 착용하는 것은 봄이 왔음을 알리는 고대 이교도 전통이다. 마르테니차라는 이름은 발칸반도 설화에 등장하는 바바 (할머니) 마르타라는 절름발이 노파

전통 의상을 입은 젊은 여성들이 매년 열리는 장미 축제를 축하하고 있다.

에서 유래했다. 쇠 지팡이를 가지고 다니는 바바 마르타는 변덕스럽기로 유명하고 이랬다저랬다 하기로 악명이 높다. 바바 마르타가 웃으면 해가 비치고 화가 나면 세상이 꽁꽁 얼어붙는다. 바바 마르타와 관련된 대부분 의식은 그녀를 달래기 위한 것이다. 자연의 새로운 순환이 시작되는 봄에 열리는 이 행사에서는 건강과 다산을 기원하기도 한다. 3월 1일에 마르테니차를 지님으로써 바바 마르타의 자비를 얻었고 그것이 건강과 부와 행복을 가져다줄 것이라고 믿기 때문에 사람들은 미소를 짓는다.

장미의 나라 불가리아는 장미 오일과 기타 장미 제품 수출 1위 국가이며 아름답고 수익성이 좋은 장미꽃을 기념하는 축제를 연다. 발칸반도의 트로얀이라는 도시에서는 유명한 불가리아 자두 브랜디(슬리보바 라키아)에 사용되는 소박한 과일 자두를 주인공으로 축제를 연다.

또 매우 특별한 날인 트리폰 자레잔은 와인 제조, 와인 생산자, 포도원의 수호성인 성 트리폰을 기념하는 날이다. 와인은 수천 년 동안 불가리아 땅에서 생산되었으며, 이는 큰 자부심의 원천이다.

불가리아의 민속음악은 널리 알려져 있다. 가장 유명한 세

불가리아인들은 1월 14일 쿠케리 의식을 위해 전통 의상을 입는다.

가지 축제로는 코프리프슈티차 국제민속축제, 불가리아와 마케도니아 민속음악 축제인 '피린 싱즈' 축제, 그리고 로도피의 야외 음악 축제인 로젠 사보르가 있다. 축제를 보기 위해 국내외에서 수백 명의 방문객이 찾아온다.

  불가리아의 모든 도시는 자체적으로 지역 축제를 열고 아마추어 공연단이 축제에서 불가리아의 음악과 춤에 대한 사랑과 그들의 기량을 선보인다.

결혼식, 출생, 작명

불가리아인들은 결혼할 때 가족의 강요를 받기도 하지만 일반적으로 개인의 선택에 따라 결혼한다. 중매 결혼은 무슬림과 롬인과 같은 일부 집단에서 흔히 볼 수 있으며, 오늘날에는 예전보다 그 수가 더 줄었다. 법적으로는 민간 예식만 인정되나 많은 커플이 종교 예식도 치른다. 현재, 불가리아에서는 여성과 남성이 각각 20대 후반과 30대 초반에 결혼하는 것이 일반적이며 과거에는 남녀 모두 20대 중반에 결혼하는 경향이 있었다. 여전히 동일한 민족과 종교 집단에서 배우자를 찾는 경우가 가장 흔하다. 이혼은 불명예스러운 일로 여겼기 때문에 과거에는 이혼이 드물었지만, 지금은 훨씬 더 흔하게 볼 수 있다. 오늘날 결혼한 전체 커플 중 거의 절반이 이혼한다. 혼인율은 1990년대 불확실성의 시대로 접어들면서 하락세를 보였고 2011년에는 주민 1,000명당 2.9명으로 EU 국가 중 가장 낮은 것으로 보고되었다. 2021년까지 이 수치는 다소 회복되어 주민 1,000명당 3.9명으로 혼인율이 증가했다.

전통적으로 결혼식은 가장 즐겁고 기억에 남는 행사이다. 결혼은 새로운 가족, 미래의 자녀, 가문을 위한 부의 축적이

전통적으로 결혼식에는 쿠모베라고 하는 다른 기혼 커플이 증인으로 참석해야 한다.

시작됨을 알리기 때문이다. 과거에는 결혼식 준비에 시간과 정성을 많이 들였다. 오늘날에는 몇 가지 꼭 해야 하는 의식만 거행한다. 예를 들어, 결혼식 하객들이 축가와 오케스트라의 연주를 즐기고 있는 리셉션 홀이나 식당에 신혼부부가 들어서자마자 신랑의 어머니는 두 사람에게 달콤한 빵(블라가 피타)을 먹인다.

결혼식에는 신랑, 신부의 들러리나 친구도 없다. 그 대신, 지금도 반드시 지키는 일은 기혼 부부가 결혼식에 참석하여 신혼부부와 함께 혼인 서약서에 서명하는 것이다. 이때 참석하는 부부를 쿠모베(증인)라고 부르며 결혼식 날부터 두 사람을 신혼부부가 속한 대가족의 일부로 여긴다. 또한 이 두 사람은 장차 새 부부에게 태어날 아이들의 대부모가 된다. 마치 신랑과 신부의 들러리처럼 이 두 사람은 결혼식 파티를 준비할 때 매우 중요한 역할을 하며 새로 탄생한 가족에게 줄 큰 선물을 준비한다.

결혼 선물을 주는 방식도 다양하다. 결혼을 앞둔 커플은 구체적인 선물을 요구하지 않는다. 말하자면, 크리스탈 그릇이나 수표보다는 봉투에 현금을 넣어서 주는 것이 일반적이다. 마을에서는 손님들이 후한 인심을 보여주기 위해 신부의 드레스에 핀으로 돈을 꽂아준다. 그러면 신부는 마치 지폐로 된 깃털을 단 형형색색의 새처럼 보이게 된다. 도시 사람들은 이 관습을 저속하다고 생각한다.

결혼 후 곧 아이가 생기는 건 당연한 일이다. 현대라는 시대 상황이 사람들의 태도에 영향을 미치기는 했지만, 여전히 많은 사람이 첫 아이로 아들을 원한다. 아들의 이름은 이름의 전통을 잇고 가문의 가장 연장자인 어른을 기리기 위해 대부분 친할아버지의 이름을 따를 것이다. 여자아이가 태어나면 친할아버지의 이름에 접미사를 붙여 여성형으로 이름을 짓는다. 예를 들면, 이반은 이반카 또는 바냐, 조지는 게르가나가 된다. 하늘색과 분홍색은 사내아이와 여자아이를 연상시키며, 임신 및 출산과 관련된 관습은 수없이 많다.

장례

신문에 부고를 싣는 것은 관례가 아니며 비교적 최근에 나타난 현상이다. 그보다는 네크로로그(부고)라고 부르는 전단에 고인의 사진과 함께 짧은 추도문 또는 추도시를 인쇄하여 건물, 가로등, 유족의 집 현관문에 붙인다. 사망한 지 40일, 3개월, 9개월째 되는 날 그리고 그 후 매년 추가로 인쇄한 부고를 돌린다. 가까운 가족들은 1년 동안 검은색 옷을 입고, 마을 과부들은 언제나 검은색 옷을 입는다. 마을에서 죽음을 알리는 건 교회의 종소리이다. 사람들은 입소문으로 사망 소식을 알게 되고 경야를 위한 방이 준비된 고인의 집에 모인다. 감정이 북받쳐 오르고 사람들은 애통함을 표현한다. 과거에는 고인을 얼마나 그리워하는지 보여주기 위해 묘지로 가는 길에 관 뒤에서 통곡할 여성을 한 명 이상 고용하기도 했다. 불가리아의 장례식은 극적이어서 좀 더 절제된 문화권에서 온 외부인의 눈에는 놀라울 만큼 극적일 때도 있다.

미신

불가리아 문화에는 온갖 종류의 미신이 넘쳐난다. 사람들은 등 뒤로 소금을 던지거나 '침'을 두 번 뱉으면 나쁜 기운을 물리칠 수 있다고 믿는다. 결혼식, 임신, 죽음과 관련된 미신이 가장 많다.

【 결혼식과 결혼 생활 】
- 웨딩드레스가 길면 길수록 결혼 생활은 더 길고 더 행복해진다.
- 등이 파인 웨딩드레스를 입으면 안 된다. 그런 드레스를 입으면 배우자의 부정으로 결혼 생활을 망칠 것이다.
- 신부는 악마의 눈을 피하기 위해 항상 붉은 실을 몸에 지녀야 하며 진주는 눈물을 상징하므로 착용해서는 안 된다.
- 첫 아이가 태어나기 전에는 드레스를 세탁소에 맡겨서는

안 된다.

- 불가리아 결혼 풍습 중 가장 일반적인 관습은 결혼식 직후에 '발을 밟는 것'이다. 배우자의 발을 먼저 밟는 사람이 앞으로 가정에서 주도권을 쥐게 된다.
- 결혼반지를 떨어뜨리는 건 매우 불길한 일이다.
- 신부는 부모의 집을 떠난 후 적어도 3일 동안 돌아와서는 안 된다.

【 임신과 출생 】

- 젊은 아내는 임신 3개월까지 임신한 사실을 비밀로 해야 아기에게 나쁜 일이 일어나거나 아이가 요절하는 일이 없다. 임신 3개월 후에는 즉시 임신 사실을 알려야 한다. 늦게 알리면 아기가 나중에 언어 문제를 겪게 된다.
- 불가리아에는 베이비 샤워가 없다. 아직 태어나지도 않은 아이의 물건을 사면 사산 등 매우 불길한 일이 생긴다고 믿는다.
- 엄마와 아기가 출산 후 첫 40일 동안 집 밖에 나가지 않는 이유는 여러 가지가 있지만 대부분 악마의 눈을 피하고 새로 태어난 아기를 보호하기 위한 것이다.

【죽음】

- 경야 동안 누구도 잠들어서는 안 된다. 동물이 시체를 뛰어넘으면 고인이 뱀파이어로 변할 것이라고 믿는 사람이 많아서 삼엄하게 철야를 한다.

- 고인의 영혼이 돌아오지 않도록 집안의 모든 거울을 40일 동안 가려야 한다.

- 절대 빈 무덤을 뛰어넘어서는 안 된다. 그랬다가는 머지않아 죽게 된다.

- 무덤을 밤새 비워두어서는 안 된다.

- 장례식에 꽃을 가져갈 때는 짝수로 가져가야 한다. 그 외 경우에는 홀수로 가져가야 한다. 국화는 죽음의 꽃으로 여기기 때문에 장례식 외에는 어떤 경우에도 주면 안 된다.

- 묘지에서 돌아올 때는 되돌아가지 않아야 한다. 안 그랬다가는 또 다른 사람이 곧 죽게 된다.

- 애도하는 사람들이 계속 울어서는 안 된다. 고인이 혼란스러워서 다시 이승으로 돌아올 수 있기 때문이다.

- 친척이 무덤을 방문하는 동안 나비가 나타난다면 죽은 사람의 영혼이 찾아온 것이다. 그 나비를 잡으면 영혼을 잡아두는 것이다.

04

친구 사귀기

대부분의 집단주의 문화와 마찬가지로 불가리아 사회는 개인적인 관계를 매우 중요하게 생각한다. 교우관계는 매우 일찍 시작되며 대체로 평생 지속된다. 동네, 초중고등학교, 대학교, 직장에서 쌓은 우정은 매우 소중하고 대체 불가능하다. 가족 중 누군가의 친구는 자동으로 우리 가족의 친구가 된다.

불가리아인의 우정

대부분의 집단주의 문화와 마찬가지로 불가리아 사회는 개인
적인 관계를 매우 중요하게 생각한다. 교우관계는 매우 일찍
시작되며 대체로 평생 지속된다. 동네, 초중고등학교, 대학교,
직장에서 쌓은 우정은 매우 소중하고 대체 불가능하다. 가족
중 누군가의 친구는 자동으로 우리 가족의 친구가 된다. 이렇
게 불가리아 사람들은 사회 관계망을 넓혀간다. 불가리아 성
인들은 '새로운 친구를 사귀는 것은 개인적 성장의 일부이다'
와 같은 말을 이해하기 어려울 것이다. 인생의 흐름에 따라 친
구가 생겼다가 없어지는 개인주의 문화권의 사람들과는 달리,
불가리아인들은 먼저 가족에게 충실하고 다음으로 친구에게
충실하며, 일반적으로 고용주나 권위에 대한 충성은 우선순위
목록에서 훨씬 아래에 둔다. 따지고 보면, 높은 자리에 있는
것뿐만 아니라 친구가 있으면 일상생활에서 마주치는 문제 대
부분이 해결된다.

토도르 파노프는 1914년에 쓴 글(92쪽 참고)에서 수줍음과
내성적인 면을 불가리아인의 '보이지 않는' 영혼의 깊은 층으
로 묘사했으나 '보이는' 측면에서 보면 불가리아 사람들이 친

불가리아인들은 우정을 소중히 여기며, 어릴 때부터 평생 친구를 사귀는 경우가 많다.
루세의 벤치에 오랜 친구들이 나란히 앉아 있다.

한 친구들과 소통하는 뚜렷한 방식은 외향적이기도 하고 거슬
리기도 하는 것 같다.

　많은 외국인은 불가리아인들이 친한 친구 사이에 갖는 친
밀함을 견디기 힘들어할 것이다. 사생활의 구분이 거의 없기
때문이다. 앞서 살펴보았듯이 불가리아어에는 '프라이버시'라
는 단어가 없다. 외국인이 불가리아인들 사이에 있을 때 소외
감을 느끼는 이유가 바로 여기에 있는지도 모른다. 겉으로 보
기에 거칠고 개방적이며 때로는 지나치게 정직한 불가리아 사

람들과 그들이 대화의 주제로 삼는 광범위한 감정적, 지적, 금전적, 정치적, 철학적 문제들 때문에 외국인은 당혹스러워한다. 하지만 실제로 이런 점들이 불가리아 사람 대다수가 공유하는 가장 진실하고 굳건한 우정의 요소이다.

사회적 친분의 경우, 불가리아를 진심으로 알고 싶은 외국인이라면 유럽 언어를 하나 이상 할 줄 아는 현지인과 친분을 쌓기 쉬울 것이다. 최근 수치에 따르면 불가리아 젊은이 중 70%가 영어를 능숙하게 구사한다. 이들의 언어 능력이 좋은 이유는 일반적으로 어학 고등학교(수년 전에 설립된 명문 학교)를 졸업했거나 해외 대학에서 유학 경험이 있거나, 아니면 단순히 서양 대중문화를 좋아하기 때문이다. 언어 장벽이 없다면 불가리아를 방문하는 사람은 사회생활의 소용돌이에 매우 빨리 빠져들 수 있다. 하지만 진정한 우정을 쌓으려면 시간이 걸린다. 불가리아 사람들이 즐겨 말하듯이, 진정한 친구가 되려면 먼저 두 사람이 소금 한 봉지를 나눠 먹어야 한다. 즉, 많은 시간을 함께 보내야 한다는 뜻이다. 외부인이 불가리아 친구들의 친밀한 관계로 들어가기에 가장 좋은 방법은 노력과 함께 언어 공부를 시작하는 것이다. 그리고 그런 노력은 높이 평가될 것이다.

사람들 만나기

소피아에 거주하는 미국인 두 명의 말에 따르면, 언어나 문화를 모르는 이 나라에서 현지인 친구를 사귀고 막 시작된 우정을 키워나갈 '기회를 얻는' 것은 정말 어렵다고 한다. 불가리아 사람들이 좋아하는 것과 싫어하는 것이 무엇인지, 여가를 어떻게 보내는지 알아내기도 그리 쉽지 않다고 하는데 이것은 매우 정상적인 반응이다. 불가리아와 같은 나라에서 외국인 거주자들은 현지인이 거의 가지 않는 수많은 바와 레스토랑을 자주 찾는 편이다. 여기에는 두 가지 이유가 있다. 우선 불가리아인들은 친구를 찾아가서 집에서 만든 맛있는 음식을 즐기고 마음껏 마시면서 좋아하는 음악을 듣고, 친숙한 분위기에서 대화를 나누는 것을 더 좋아한다. 두 번째 이유는 현지인 중에는 정기적으로 외출할 여유가 있는 사람이 많지 않다는 것이다. 그렇다고 그들이 함께 모여서 즐겁게 지내지 않는다는 뜻은 아니다. 집에서 친구들과 함께 즐겁게 지낼 뿐이다. 반면에, 직장을 다니는 외국인 대다수에게는 주말을 즐기기 위해 '모두가 나의 이름을 알고 있는' 친숙한 바에 가는 것이 가장 쉬운 선택이다.

하지만 다른 모든 곳과 마찬가지로 여기에서도 우정은 공통 관심사와 공동의 경험을 통해 형성된다. 불가리아에서는 가장 먼저 사람들을 만날 수 있는 곳이 직장이다. 사생활 노출이 걱정되거나 직장에서 전문성을 유지하고 싶다면, 좋아하는 활동을 찾아서 공통 관심사를 가진 사람들과 함께 시간을 보내는 것이 친구를 찾는 또 다른 좋은 방법이다. 체육관, 댄스 강습, 하이킹, 축구 등 흥미 있는 분야라면 어디든 가서 같은 취미를 가진 사람들을 만나보자. 일단 하고 싶은 활동을 찾고 그 취미 활동을 함께 할 그룹을 찾았다면 그 그룹에서 저녁이나 술자리에 당신을 초대할 수도 있다. 그러면 적어도 12명의 새로운 지인이 생기게 된다. 소피아에 거주하는 여성이라면 국제여성클럽이 친구를 사귀기에 좋은 장소이다. 불가리아 생활에 적응하는 데 도움이 되는 월례 회의와 행사가 있으며 www.iwc-sofia.com에서 확인할 수 있다.

국외 거주자 단체(예를 들어 www.internations.org)는 불가리아 생활에 쉽게 적응할 수 있도록 매월 모임과 행사를 개최한다. 열린 마음과 노력하려는 의지만 있으면 충분하다. 친구가 되고 싶은 사람을 만나고 싶다면 그 사람의 전화번호를 알아내 뭔가를 하자고 전화를 걸어보자. 이렇게 아름다운 우정이 시작될 수 있다! 즉, 불가리아에서 새로운 친구를 사귀고 싶다면 스스로 만든 장벽 외에는 걸림돌이 그리 많지 않으므로 시도해보기를 바란다. 불가리아어를 배우면서 당신의 모국어를 가르쳐주겠다고 제안할 수도 있고, 이런 방법으로 좋은 친구를 사귈 수도 있다.

호의와 올바른 인맥

불가리아에서는 남편과 아내 양쪽으로 혈연 및 결혼으로 맺어진 관계를 가족 또는 씨족으로 본다. 씨족은 공식적인 구조라기보다는 친척들의 광범위한 비공식 네트워크이다. 친구와 이웃을 이 범위에 모두 포함하면 '가까운 사람들'을 뜻하는 블리즈키가 된다. 더 먼 친척들은 같은 마을에 살지 않기 때문에 자주 만나지 못할 수 있다. 사회주의 시절에 도시화가 급속하게 진행되어 사람들은 전국으로 흩어지게 되었다. 나이 든 가족은 마을이나 소도시에 머물렀고, 젊은 세대는 공장에서 일하거나 대학에 진학하고 좋은 일자리를 찾으려고 도시로 떠났다. 하지만 지금까지도 시골 지역사회, 특히 롬과 무슬림 지역

사회에서는 가까운 친척들이 모여 사는 모습을 흔히 볼 수 있다. 시골과 도시에서 블리즈키 네트워크를 통한 인맥은 부족한 물품을 손에 넣거나 정보를 얻고자 할 때, 좋은 학교에 진학하거나 일자리를 구할 때와 같이 목적 달성을 위해 동원되었다. '그 일에 적합한 사람이 있다'라는 말은 당면한 업무를 완수하도록 주선할 사람을 알고 있다는 뜻이다. 그러한 호의에 대가를 지불하는 경우는 거의 없지만 때가 되면 그 호의는 보답받게 된다.

'인맥'이라는 말에는 개인의 능력이나 교육, 경험 대신 결정권을 가진 인사 관리자의 친척이거나 친구인 점을 앞세운다는 부정적 의미가 따라다니곤 했다. 하지만 서구의 영향이 커지면서 이 개념은 최근 더욱 긍정적 의미를 갖게 되었다. 고등학교부터 대학교까지, 그리고 경력 전반에 걸쳐 개인의 능력 덕분에 인맥이 형성되기도 하고, 자신의 인맥과 업적, 관심사를 통해 직업적 네트워크가 구축된다. 대학에서 정말 좋은 성적을 거두고 졸업 후에도 대학에 있어 달라고 권유받거나 직장을 구할 때 교수의 추천을 받았다면 그 사람이 '인맥'을 이용했다고 생각하는 사람은 아무도 없을 것이다. 불가리아에서 일을 완수하는 방식에 대한 과거의 인식이 변화의 바람을 타고 사라지기 시작했다.

사회생활

불가리아인과 사회생활에 대해 몇 가지 알아야 할 점이 있다.
북미인과 달리 불가리아인은 안부나 기분을 물어볼 때 진심으
로 묻는다. 미국이나 캐나다에서 상투적으로 듣는 "좋아요!"가
아니라 솔직한 대답을 기대한다. 상대방의 좋은 소식과 나쁜
소식을 귀 기울여 듣고 도움을 줄 방법을 찾으려고 하거나 단
순히 공감하려고 한다. 한마디로 "잘 지내세요?"는 문자 그대로
받아들여야 한다. 당연히 자신의 상황에 관해 물어보면 불가
리아인은 자세하게, 그리고 종종 사적인 일까지 알려줄 것이다.
따지고 보면 진짜 관심이 없는데 물어볼 이유는 없을 테니까.

　불가리아인은 서양인 지인이나 동료만큼 시간을 잘 지키지
않을 수도 있지만, 당신을 더 잘 알기 위해 개인적인 시간을
훨씬 더 많이 들일 것이고 도움을 주려고 애쓰면서 일 처리를
위해 그들의 현지 노하우와 인맥을 제공할 것이다. 불가리아인
은 방문 중인 외국인 동료를 위해 주말 계획을 취소하고 소피

소피아에서 친구들이 모여 술을 마시고 있다.

아 남서쪽에 있는 릴라 수도원과 같은 아름답고 경건한 장소
로 안내하거나 점심을 먹으러 나간다. 한마디로, 당신이 조언
이나 동행을 필요로 하는 한 그들의 시간은 당신의 것이다.

가정에 초대받았을 때

친분이 더 쌓이게 되면 반드시 집으로 초대를 받을 것이다. 불
가리아 사람들의 환대와 관대함은 전설적일 정도로 유명하다.

그들은 손님을 감동하게 하고 극진하게 대접하는 걸 좋아하기 때문이다. 아마 생일 파티에 초대받는 경우가 가장 많을 것이다. 아니면 영명축일에 당신을 초대할 것이다. 물론 그날은 초대받지 않아도 누구나 파티에 참석할 수 있다는 걸 불가리아 사람들은 알고 있다. 어쩌면 당신을 주인공으로 하는 파티에 초대받을 수도 있다.

어떤 경우든 푸짐한 음식을 기대해도 좋다. 불가리아 사람들은 식전주를 좋아하기 때문에 메인 요리가 나오기 전에 술과 샐러드, 소스, 온갖 종류의 간식을 준비해둔다. 그날 저녁 메인 요리가 테이블에 차려지기도 전에 손님이 배불리 먹는 경우가 많다. 이 점을 기억하고 애피타이저는 가볍게 먹도록 한다. 집주인이 밤새도록 술을 대접할 것이므로 더 이상 마시고 싶지 않다면 잔을 반쯤 채워놓는다.

식사는 육류 요리가 나올 게 분명하니 채식주의자나 비건이면 주인이 실망하거나 당황하지 않도록 미리 알려주는 게 좋다. 음식은 서빙 도구와 함께 큰 그릇에 담겨 나오기 때문에 각자 접시에 원하는 만큼 덜어서 먹을 수 있으며, 그릇에 담긴 음식이 처음 보는 음식이라면 재료가 무엇인지 물어볼 수 있다. 더 이상 먹지 못하겠다면 접시에 남은 음식을 그대로 두면 된다. 주인은 당신이 디저트도 맛있게 먹기를 바라지만, 이렇게 푸짐한 식사를 한 후에는 에스프레소 한 잔이면 충분하다고 설명하면 모두 이해할 것이다. 사실 많은 불가리아 사람이 디저트를 거절하고 커피를 마시기도 한다. 그럴듯하게 이유를 설명한다면 음식이나 술을 거절하는 것은 무례한 행동으로 생각하지 않는다. 하지만 버터크림 레이어 케이크인 도부쉬 토르테와 같은 전통적인 홈메이드 디저트가 나온다면 거절하지 않는 게 현명할 것이다. 정말 맛있기 때문이다.

선물하기

어떤 경우든 항상 선물을 가져가야 한다. 불가리아 사람들은 파티에 갈 때 와인 한 병이나 집주인의 취향에 맞을 만한 아무 술이나 가져간다. 좀 더 사려 깊은 사람이라면 안주인을 위한 꽃과 아이들을 위한 초콜릿도 가져갈 것이다. 꽃은 홀수여야 하며, 짝수로 꽃을 가져가는 경우는 장례식뿐이다. 생일이나 영명축일 파티라면 그 파티에 걸맞은 선물을 골라야 한다.

다음 세 가지 '황금 법칙'을 지키면 집주인이 항상 만족할 것이다. 첫째, 온 가족이 함께 사용할 물건이 아닌 개인용 선물을 가져가라. 둘째, 가격보다는 적당한 선물을 고르는 데 기울인 노력과 관심이 더 중요하다. 마지막으로, 너무 비싼 선물을 사지 않도록 한다. 불가리아 사람들은 여유가 없더라도 선물에 보답하려고 할 것이다. 가장 좋은 선택은 자기 나라의 대표적인 기념품이나 음식 또는 술을 가져가는 것이다. 그러면 전 세계의 음식, 술, 다양한 취향에 대해 긴 대화를 시작할 수 있다.

선물로 적합하지 않거나 무슨 일이 있어도 피해야 하는 선물이 몇 가지 있다. 아무리 희귀하거나 독창적인 물건이라고 해도 칼을 선물로 주면 안 된다. 또 다른 금지 품목은 손수건이다. 손수건은 이별을 상징하므로 아무리 예뻐도 절대 선물로 주면 안 된다.

데이트

불가리아를 방문하는 많은 남성은 소피아의 거리에서 단위 면적당 가장 많은 미인을 볼 수 있다고 주장한다. 가장 먼저 눈에 띄는 불가리아 여성의 특징은 매우 짙은 색의 윤기 나는 머리카락이다. 대부분 올리브색 피부에 짙은 갈색 또는 검은색 머리카락과 갈색 눈동자를 가진 지중해 국가의 여성들에 비해 불가리아의 많은 여성은 밝은 피부색에 칠흑같이 검은 머리카락과 담갈색, 초록색 또는 파란색 눈의 매혹적인 유전자 조합을 보인다.

여성을 유혹하려는 말은 먹히지 않을 것이다. 서양인 방문객은 길거리나 카페에서 여성에게 바로 접근하거나 기회가 생길 때마다 어떻게 해보려고 익숙한 전략을 시도할 것이다. 하지만 곧 이런 교훈을 얻게 될 것이다. 첫째, 자신감이 넘치고 옷을 잘 차려입은 여성이라면 남편은 아니더라도 이미 진지한 관계인 남자 친구가 있을 가능성이 있다. 둘째, 당신이 뉴욕에서 온 미국인이라고 말한다면 상대 여성은 미지근한 반응을 보일 것이다. 수많은 영화와 TV 프로그램 덕분에 누구나 뉴욕의 삶을 간접적으로 체험할 수 있으므로 사실 모든 사람이 이미 뉴욕에 가 본 적이 있다고 할 수 있다. 한 서양인 친구가 시험 삼아 여성들에게 자신이 모스크바에서 온 러시아인이라고 말했더니 여성들이 좀 더 흥미로운 반응을 보였다. 해외에서 공부한 적 있거나 아직 유학 중인 여성은 미국인이나 서양인 남자에게 훨씬 더 친절하겠지만 그렇다고 특별한 의미가 있는 건 아니다. 불가리아 사람들은 환대에 능숙하지만, 그 환대를 사적인 관심으로 착각해서는 안 된다는 점을 기억하자.

불가리아 사람들은 방금 만난 낯선 사람보다는 동네, 학교, 대학, 직장에서 예전에 알고 지냈던 사람과 데이트하는 것을 선호할 것이다. 그들은 자신과 같은 세계관, 관심사, 친구, 문화유산을 공유하는 사람을 훨씬 더 편안하게 느낀다. 불가리아인들에게 소개팅이나 스피드 데이트 같은 것은 매우 낯설고 인기도 없으며 일반적으로 실행하지도 않는다. 도움이 필요한 상황이 분명하다면 외국인에게 쉽게 다가갈 수 있지만, 일종의 일탈을 위해서 또는 유혹을 하기 위해 외국인에게 접근하는 일은 없다. 감정적인 관계는 진지하게 받아들이며 항상 한 번에 한 단계씩 관계를 발전시킨다. 장난스러운 행동을 하거나 누군가의 농담에 웃는다면 성적 관심을 표현하는 것이 아니라 단순히 친근감의 표시이고 유쾌한 모임을 즐기고 있다는 뜻이다.

불가리아 사람들은 신체적 접촉에 매우 관대하여 포옹과 키스를 하거나 친구의 넥타이 또는 옷깃을 매만져주는 것을 볼 수 있다. 이런 행동은 감정이 담겼다기보다 단순히 친한 친구이고 서로 편하게 느끼기 때문에 나오는 행동이다.

동유럽의 대부분 지역에서처럼 낯선 사람에게 미소를 지으며 눈을 마주치는 것은 일반적으로 위협적이지 않다는 신호이다. 불가리아인과 많이 닮은 남유럽의 남성은 불가리아에서 거의 그 누구의 눈길도 받지 못할 것이다. 눈 맞춤을 관심의 신호로 여기는 것은 좋은 생각이 아니며, 주목받기 위해서는 노력해야 한다. 발칸반도는 데이트와 구애에 있어서 유럽에서 가장 보수적인 지역에 속한다. 주말에 소피아로 날아가서 당장 데이트를 시작할 수 있다고 기대해서는 안 된다.

그런데 데이트 앱과 관련 웹사이트가 도입된 이후 상황이 다소 달라졌다. 특히 최근 들어 코로나19 팬데믹으로 인해 사람들이 실내에 머물게 되면서 이런 앱과 사이트가 더욱 인기를 끌고 있다. 시리어스 릴레이션십 웹사이트(www.serioznizapoznanstva.com)는 가짜 프로필이 없는 사이트라고 광고하고 있는가 하면, 무료인 www.zapoznalnik.com은 7만 명 이상의 회원을 자랑한다. 세계적으로 유명한 힌지와 틴더 같은 앱은 불가리아 젊은이들, 특히 제2외국어를 구사하는 사람들 사이에서 인기가 많다.

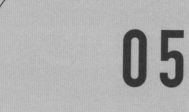

05

가정생활

불가리아에서는 주로 두 세대 이상이 한 지붕 아래 살고 있다. 그러다 보니 아이들과 조부모 사이에 매우 강한 유대감이 쌓인다. 자연 친화적인 성향이 강한 불가리아 사람들은 기회가 있을 때마다 도시를 떠나 시골에 있는 그들의 '별장(일반적으로 소박한 집)'으로 간다.

가족

오늘날 불가리아에서는 비록 계절에 따라 다르긴 하지만 여전히 두 세대 이상이 한 지붕 아래 사는 모습을 볼 수 있다. 사람들은 난방비를 절약하고 식료품 쇼핑 및 요리와 같은 일상적인 집안일을 돕기 위해 추운 계절에는 연로한 부모를 도시에 있는 자기 아파트에 모시고 오는 경우가 많다. 그러면 부모는 낮 동안 손주를 돌본다. 이런 식으로 아이들과 조부모 사이에 매우 강한 유대감이 쌓인다. 부모가 아직 살아 있다면 독신인 사람이 혼자 사는 경우는 매우 드물다. 자신에게 자녀가 없다면 보통 부모의 집에 살면서 어머니와 아버지를 보살피는 게 일반적이다. 가족은 아침과 저녁 식사를 함께하며, 가족 중 가장 연장자가 식사를 마치기 전에 식탁에서 일어나면 버릇없다고 생각한다.

많은 불가리아인은 도시에 주거지가 있고 시골에는 주말용 별장이 있어서 그곳에서 여름을 보낸다. 자연 친화적인 성향이 여전히 강한 불가리아 사람들은 기회가 있을 때마다 도시를 떠나 시골에 있는 그들의 '별장(일반적으로 소박한 집)'으로 간다. 시골 별장에서 나이 든 가족 구성원들은 보통 정원을 가꾸고 채소를 기르며, 수확한 채소는 겨울에 먹기 위해 저장식품으로 만든다. 이렇게 하는 건 경제적 이유와 개인적인 자부심 때문이기도 하지만 유기농 또는 불가리아인들이 말하는 '생태적으로 깨끗한' 채소를 거의 일 년 내내 식탁에 올릴 수 있기 때문이다.

주택

불가리아 사람들은 문화 간 영향이 복잡하게 얽힌 결과물인 전통 도시 건축에 강한 자부심을 보이는 경향이 있다. 도시의 19세기 고급 부르주아 건물들은 유럽 및 오스만 바로크 디자인의 강한 영향을 반영한다. 하지만 오스만과 유럽적 요소들이 뒤섞인 양식은 전형적인 불가리아 국가 부흥시대 건축물로 간주하며 여러 불가리아 소도시의 오래된 지역에서 볼 수 있다. 하지만 현재 도시 거주자의 대다수는 출입구가 여러 개 있는 소비에트 시대 회색 고층 아파트 건물에 살고 있다. 밀실 공포증 환자에게는 적합하지 않은, 낙서로 뒤덮인 작은 엘리베이터 케빈을 타면 위층으로 갈 수 있다.

서양에서 이런 형태의 고층 건물은 보통 교육 수준이 낮은 블루칼라 사회 계층을 연상시키지만, 전후 사회주의 불가리아 도시에서는 이런 평판을 받은 적이 한 번도 없었다. 모든 사람은 평등해야 하므로 의사, 작가, 교사는 공장 근로자, 배관공, 전차 운전사와 나란히 살았다. 이 건물들 사이에는 여전히 나무가 늘어선 놀이터가 있어서 은퇴자들이 모여앉아 교류하고 손주들이 주변에서 뛰어놀거나 그네를 타는 동안 잡담을 나누기도 하며, 그날의 주제에 관한 토론을 즐겨한다. 거주자는 대부분 자기 아파트를 소유하고 있다. 지하 주차장이 없으므

플로브디프 구시가지의 전통 가옥

로 자동차는 건물 주변의 골목에 주차해야 하지만 아파트마다 지하 창고가 따로 마련되어 있다.

1990년대 들어 상황이 바뀌기 시작했다. 24시간 보안과 현대적 편의 시설을 갖춘 현대식 아파트 단지가 건설되어 단독 주택을 살 여유가 되지 않는 사람들에게 큰 인기를 끌었다. 돈이 더 많은 사람은 교외 지역의 개인 저택으로 이사하기 시작했다. 그러나 소피아와 플로브디프와 같은 도시에서는 사람들 대다수가 높이 솟은 콘크리트 건물에 계속 살고 있다.

불가리아 가정의 내부

불가리아의 건설 붐으로 교외 지역에는 새 주택이, 도시에는 아파트 건물이 많이 생겼으며 이는 유럽과 북미에서 볼 수 있는 주택 유형과 비슷하다. 경비원이 출입을 감시하는 고급 주택지에는 수영장, 체육관, 심지어 편의점까지 있는 경우가 많지만, 시골에서는 제일 큰 도시 세 곳에서만 이런 시설을 볼 수 있다.

가장 오래된 고층 건물에 있는 아파트는 화려한 디자인을

자랑하지는 않지만 중앙난방 및 급수 시스템과 함께 현대 가정에 필요한 모든 가전제품을 갖추고 있다. 그런데 여전히 많은 아파트에는 1970년대와 1980년대의 가구가 비치되어 있다. 하지만 주택과 인테리어 디자인 및 장식은 집주인의 개인적 취향과 선호도뿐만 아니라 가족의 규모도 반영한다. 가구가 얼마나 오래되었든, 집의 안주인은 매일 가구를 깨끗하게 닦고 윤이 나게 관리한다. 거실에는 불가리아의 보물이나 외국에서 가져온 기념품 등 많은 장식품이 놓여 있다. 자수와 바느질 작품은 장식품으로 인기가 좋으며 어디에서나 꽃을 볼 수 있다. 불가리아 여성들은 식물을 잘 키우는 것으로 유명하다. 책장과 책꽂이는 집에서 가장 명예로운 자리를 차지하며 주인의 문학적 취향과 박식함을 모두 보여준다.

주방은 집의 심장이자 영혼이다. 아파트에는 가족이 모여서 식사할 수 있는 테이블을 놓을 만큼 큰 주방이 있다. 손님이 찾아오면 보통 거실로 안내한다. 거실에는 좀 더 격식을 갖춘 저녁 식사를 할 수 있도록 일반적으로 확장형 식탁이 있다. TV도 거실에 있다. 침실에는 일반적으로 TV가 없다. 불가리아 사람들은 텔레비전을 함께 보면서 프로그램에 대해 평가하고 마음이 내키면 TV 진행자와 논쟁하는 것을 좋아하기 때문이다.

대다수의 단독 주택에는 여름 주방이라는 공간이 있다. 이곳은 날씨가 더울 때 음식을 준비할 수 있는 정원 수준의 반쯤 덮인 야외이다. 오래된 주택에는 크리스마스나 부활절과 같은 휴일에 집에서 빵을 만들고 양고기나 돼지고기를 구울 수 있는 옛날식 오븐도 있다.

하루 일과

불가리아의 많은 직장인과 학교에 다니는 자녀의 하루는 일찍 시작된다. 아침 식사는 빵과 치즈 한 조각, 그리고 커피 한 잔으로 간단하게 해결하는 편이다. 초·중등학교는 2교대로 운영된다. 5학년부터 11학년까지는 7시 30분에, 1학년부터 4학년까지 저학년은 8시 20분에 오전 수업을 시작한다. 대도시의 버스와 소피아의 전차는 오전 5시부터 자정까지 운행한다. 스쿨버스가 없으므로 아이들은 시내 일반 교통수단을 이용하거나 부모 또는 조부모의 차로 등교한다.

관공서는 오전 9시부터 오후 5시 30분까지, 은행은 오전 9시부터 오후 4시 30분까지 운영한다. 도시 교통 시스템이 잘되어 있지만, 사람들은 자가용으로 출근하는 것을 선호하므로 아침과 저녁 출퇴근 시간에 도로는 난감할 정도로 복잡해질 수 있다. 직장 여성들은 보통 퇴근 후 장을 보러 가기 때문에 까르푸 같은 대형마트는 오후 9시 30분까지 영업한다. 동네 편의점 등 작은 가게는 훨씬 늦게까지 문을 열기도 한다.

불가리아인들은 슈퍼마켓 체인이 들어오자 열광적으로 좋아했다. 대형마트 쇼핑객의 55% 이상이 대형마트를 이용하는 또 다른 이유로 전자 결제 방식을 꼽았다. 이런 대형마트들은 정기적으로 프로모션을 진행하여 점점 더 많은 고객을 끌어들이고 있으며, 매우 소수의 사람(주로 검소한 은퇴자들)은 프로모션 기간에만 쇼핑하러 간다.

과일과 채소는 주로 지역 채소 시장에서 구매한다. 모든 대도시에는 여름과 가을에 야외 시장이 열리고 추운 계절에는 지붕이 있는 가판대에서 물건을 판다. 가판대에서는 그 지역에서 재배한 계절 과일과 채소뿐만 아니라 튀르키예와 그리스

한 커플이 소피아의 시장에서 채소를 구입하고 있다.

등 이웃 국가에서 수입한 과일과 채소도 판매한다. 토마토, 감자, 다양한 견과류, 꿀, 과일 보존 식품, 피클, 말린 과일, 허브 및 향신료와 같이 현지에서 재배했거나 생산한 별미는 항상 도시 시장에서 살 수 있다.

평일에는 대부분 집에서 가족과 함께 조용히 저녁 식사를 즐기고, TV 뉴스가 끝난 후 불가리아에서 오랫동안 인기를 끌었던 리얼리티쇼나 튀르키예 드라마를 시청한다. 사람들은 대부분 밤 11시쯤 잠자리에 든다. 주말에는 보통 도시를 떠나 친구 집에 가거나 친구들과 어울린다.

생활비

불가리아의 생활비는 다른 EU 국가보다 훨씬 저렴하고 임대 비용도 비싸지 않다. 예를 들어, 2022년 소피아에서 제곱미터 당 아파트 임대료는 위치, 크기, 가구 비치 여부에 따라 4~10유로였다. 주택은 450유로만 있으면 임대할 수 있었고 도심에서는 6,000유로까지 임대 비용이 증가했다. 지방 도시에서는 훨씬 더 싸게 집을 빌릴 수 있다. 호텔과 저렴한 호스텔 외에도 한정된 예산으로 여행하는 방문객들이 불가리아의 모든 주요 도시에서 이용할 수 있는 에어비앤비 아파트도 있다. 참고로, 2022년에 소피아 도심의 아파트는 1박당 50유로 미만에 빌릴 수 있었다.

대중교통 요금도 매우 저렴하다. 승객은 단일 티켓, 선불카드 또는 월간, 격월 및 연간 패스를 구입할 수 있다. 소피아 시내 대중교통 티켓 한 장의 가격은 85유로센트지만, 하루에 10회 까지 이용할 수 있는 6유로짜리 메트로 e카드를 구입하는 편 이 더 저렴하다. 메트로 e카드는 역 매표소에서 구입할 수 있 으며 카드에는 추가 금액이 제공된다. 버스, 트롤리버스, 트램 또는 지하철로 여행할 때 비접촉식 신용카드나 직불카드를 사 용하거나 버스나 트램 운전사에게 현금을 내고 티켓을 구입할 수 있다. 여기저기 돌아다니기에는 기차로 이동하는 것이 가 장 저렴하다. 약 50km 거리를 이동하는 데 최대 2유로가 든 다. 버스 요금은 기차 요금에 1유로가 추가된다. 택시 요금은 유럽 그 어느 곳보다 저렴하지만 외국인에게 바가지를 씌우는 택시 운전사도 있다. 택시 호출 서비스에 대한 자세한 내용은 191쪽을 참고하기를 바란다.

음식도 지구 반대편에서 수입했거나 제철이 아닌 식품이

아닌 이상 비싸지 않다. 병원 진료비는 7유로에서 25유로 사이이고 중등 교육은 무상이다. 대학 학비는 무료가 아니지만 북미 대학들에 비하면 EU 시민에게 매우 저렴하다. 전기 요금은 KW당 7센트이고, 디젤 및 휘발유는 리터당 약 1.5유로지만 점점 오르고 있다. 고급 와인을 곁들인 저녁 식사는 2인 기준 45유로에 달하지만 대부분 지역에서 10~15유로를 내면 괜찮은 식사를 할 수 있다. 맥주는 커피와 마찬가지로 매우 저렴해서 1.5유로만 내면 2리터짜리 대형 플라스틱병에 담긴 현지 맥주를 맛볼 수 있다. 영화 티켓은 4~6유로에 구입할 수 있다. 코로나19 팬데믹, 공급망 문제, 에너지 가격 상승 등이 모두 현재 불가리아의 물가 상승으로 이어지고 있어서 불가리아에 도착할 때쯤에는 일부 비용이 더 많이 들 수도 있다.

21세기 교육

교육은 교육과학부를 통해 국가 재정 지원을 받으며 7세부터 16세까지는 의무 교육이다. 불가리아의 교육 시스템은 유럽 대륙의 전통을 따른다.

기초 교육에는 초등학교(1~4학년)와 중학교(5~8학년)가 포함된다. 고등학교는 4년 또는 5년 과정이며 세 가지 유형의 학교가 있다. 종합 (일반) 중등학교, 외국어 고등학교 등 기술 기반 특성화 학교인 '프로필 중심' 학교, 그리고 직업 기술 학교이다. 교과과정은 모든 학교가 같으며 학년은 두 학기로 나뉜다. 첫 번째 학기는 9월 15일에 시작하여 1월 말에 끝나고 두 번째 학기는 2월부터 6월 말까지 이어진다. 매 학기 말에 학생들은 각 과목의 성적을 받고, 학년말에 해당 과목의 최종 성적

소피아대학교 성 클리멘트 오리드스키

을 받는다. 졸업할 때 학생들은 중등 교육 또는 중등 전문 교육 학위를 받는다.

사립학교도 설립되고 있으며 공립학교와 경쟁하여 좋은 성과를 내기 시작했다. 외국어 및 전문 외국어 학교를 제외하면 공식 교육 언어는 불가리아어이다. 소수 민족 어린이들은 일반 교과과정 내에서 모국어를 학습할 수 있다. 전문 언어학교와 프로필 중심 학교에서는 영어, 독일어, 이탈리아어, 프랑스어, 스페인어, 튀르키예어, 아르메니아어, 히브리어, 러시아어 및 기타 언어로 수업이 진행된다. 대학 차원에서는 불가리아의 아메리칸대학교에서 영어로 수업을 진행하며, 폴리테크닉대학교의 일부 프로그램에서 독일어, 프랑스어, 영어로 수업을 진행한다.

불가리아의 37개 공립 고등교육기관과 14개의 사립 고등교육기관 입학은 필기시험 결과를 기준으로 한다는 점에서 대다수 유럽 및 북미 국가와 다르다. 원하는 대학과 전문 분야에 따라 지원자는 하나 이상의 경쟁시험이나 학교별 시험을 치른 후 중등 교육을 이수한 졸업장을 제출해야 한다. 고등교육기관의 자율권에 따라 자체적으로 매년 입학 요건을 정할 수 있다. 이에 따라 중등 교육 졸업장만을 기준으로 하거나 졸업장과 시험을 결합하여 일부 전문 분야에 대한 입학 절차를 정할 수 있다. 매년 각 전문 분야의 지원 절차가 결정되면 해당 교육 기관의 안내 사항에 공지한다.

불가리아 고등교육기관에서 외국인 학생의 수가 꾸준히 증가하고 있다. 2020년부터 2021년까지 1만 7,000명의 학생이 그리스, 영국, 독일, 우크라이나, 북마케도니아 및 기타 국가에서 불가리아로 유학하러 왔고 그중 대다수(62.1%)는 의과대학 학생이었다.

고용

불가리아는 EU 국가 중 가장 가난한 나라에 속하지만, 실업률은 2022년 4월 기준 4%를 조금 웃도는 정도로 그리스, 스페인, 포르투갈 등 남유럽 국가들에 비해 낮은 편이다. 불가리아는 연례 취업박람회인 '불가리아에서 커리어 쌓기'와 같은 여러 행사를 통해 젊은 인재들을 국내에 머물게 하고 해외로 나간 고급 인력을 끌어들이기 위해 노력해왔다. 11년 동안 성공적으로 개최된 취업박람회는 온라인 박람회(www.careershow.bg)로 전환되었다. 이와 같은 행사에는 외국인들도 참여하는데 서유럽 국가보다 불가리아가 이들을 더 반긴다. 2022년 초에 페트코프 총리는 재능 있는 학생들이 유학을 떠났다가 불가리아로 돌아와서 취업하면 전액 장학금을 지원하겠다는 제안까지 내놓았다. 불가리아는 개발 측면에서 매우 많은 것을 필요로 하므로 새로운 시도를 좋아하고 괜찮은 실무 경험을 하려는 열정 가득한 젊은이들에게 멋진 곳이다. 교육 수준이 높은 불가리아의 젊은이들은 대부분 영어를 구사하므로 언어 장벽이 거의 없다. 소피아는 런던만큼 빠르지도, 밀라노만큼 패셔너블하지 않을지도 모르지만 쾌적한 기후, 친절한 현지인, 아름다운 자연경관, 저렴한 생활비가 속도와 패션을 상쇄할 만큼 충분히 매력적이다.

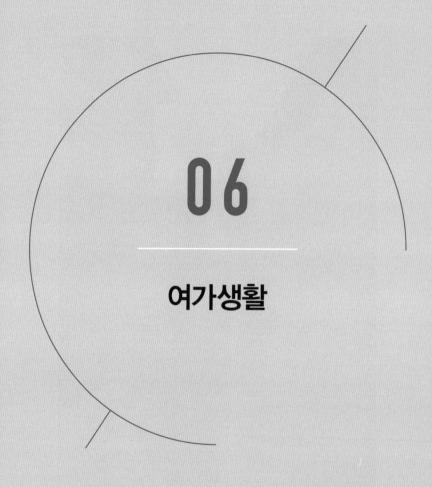

06

여가생활

직장인 다섯 명 중 네 명은 20여 일 동안 여름휴가를 보낸다. 겨울에는 휴가를 길게 쓰는 사람은 많지 않고 주로 주말에 스키를 타러 가는 정도다. 젊은 사람들은 단체로 휴가를 즐기지만 부모들은 혼자 또는 가까운 친구들과 함께 휴가를 보내는 경우가 더 많다.

불가리아인들은 1년 중 220~230일 동안 일하고 135~145일의 주말, 공휴일, 휴가를 즐긴다. 직장인 다섯 명 중 네 명은 20일 동안 여름휴가를 보낸다. 겨울에 휴가를 길게 쓰는 사람은 많지 않고 일반적으로 주말에 스키를 타러 간다. 휴가를 즐기는 가장 인기 있는 방법은 시골의 별장(코티지)에서 보내는 '빌라케이션'이다. 두 번째는 흑해로 가서 휴가를 보내는 것이다. 한편 산악 트래킹을 하거나 전국의 명소로 여행하는 사람들이 점점 많아지고 있다. 많은 불가리아인이 튀르키예와 그리스에서 휴가를 보내고 싶어 하지만, 부유한 사람들은 태국이나 발리 등 좀 더 이국적인 나라로 여행을 떠난다. 여유가 있다면 크리스마스나 부활절을 맞아 짧은 여행을 떠나는 사람들도 있다. 선호하는 목적지는 런던, 로마, 비엔나, 베를린이다. 젊은 사람들은 단체로 휴가를 즐기지만 부모들은 혼자 또는 가까운 친구들과 함께 휴가를 보내는 경우가 더 많다.

외식

불가리아인 친구들이 밤에 외국인 지인을 밖으로 불러내는 경

소피아의 비토샤 대로에서 커플과 친구들이 식사하고 있다.

우가 점점 더 많아지고 있다. 그리고 외식은 불가리아에 사는 외국인들이 정말 좋아하는데 그 이유가 저렴한 음식값 때문만은 아니다. 우선 수도와 다른 대도시에 있는 여러 다양한 식당부터 살펴보자. 불가리아에서는 정통 불가리아 요리 전문 식당 외에도 이탈리아, 그리스, 모로코, 체코, 러시아, 브라질, 인도, 일본, 중국 식당, 아일랜드 바, 와인 바, 물담배 바, 다문화유럽 도시에 있을 법한 모든 것과 더불어 세계적인 대형 패스트푸드 체인점도 모두 이용할 수 있다. 러시안 클럽과 체코 클럽 레스토랑 등 일부 레스토랑은 오랜 세월 운영됐으며 좋은

불가리아 전통 요리. 위에서부터 아래로 차가운 오이 수프(타라토르),
사츠에 담긴 구운 채소, 콩 스튜(봅초르바)

평가를 받고 있다.

진짜 불가리아 요리나 발칸 요리를 파는 식당에서는 라이브 음악과 훌륭한 서비스도 제공한다. 웃지 않는 웨이트리스가 손님을 맞이하고 너무 비싼 음식값을 요구하던 사회주의 시대의 식당과는 사뭇 다른 모습이다. 손님은 함께 불가리아의 전통춤인 호로를 배울 수 있고 가장 좋아하게 된 불가리아 민요의 몇 소절을 따라부를 수도 있을 것이다. 소피아에 있는 마나스티르스카 마게르니차(수도원 식당)에도 갈 수 있다. 그곳 메뉴에는 전국의 수도원에서 수집한 요리법에 따라 만든 음식도 있다. 와인에 끓인 '드렁큰 래빗'을 비롯하여 샐러드, 생선, 돼지고기 요리, 그리고 유명한 수도원 콩 수프도 맛볼 수 있다. 야외에서 하는 식사를 좋아하고 늦은 봄부터 초가을까지 소피아에 머물게 된다면 도시 중심부에 있는 '더 비'와 같은 식당에 가 보는 것도 좋다. 이 식당에는 거대한 정원이 있어서 매일 배달되는 신선한 해산물을 곁들인 로맨틱한 저녁 식사를 '숲속에서' 즐길 수 있다.

불가리아의 요리는 가까운 이웃 국가들의 요리와 공통점이 많다. 불가리아에서는 그리스, 튀르키예, 레바논에서처럼 속을 채운 양배추나 포도 잎을 맛볼 수 있다. 키프로스에도 있고

인도에서는 라이타라고 부르는 차가운 요구르트 오이 수프, 바
비큐 고기, 무사카, 바바 가누쉬 같은 채소 요리도 불가리아에

· 팁 문화 ·

불가리아는 튀르키예어에서 '팁'을 뜻하는 아랍어 단어인 바크쉬쉬를 팁의 의
미로 사용하고 있다. 불가리아에서는 팁을 주는 것이 의무는 아니지만, 서비스
에 만족한다는 표시로 줄 수 있다. 식당에서는 웨이터가 급여 일부를 팁으로
충당하기 때문에 관례로 총 청구 금액의 약 10%를 팁으로 준다. 서비스와 음
식이 훌륭했다면 팁을 더 많이 줄 수 있으며 그건 언제나 환영이다.

요금을 그냥 반올림해서 받는 택시 기사들도 있으므로 바가지를 쓰지 않으
려면 정확한 금액을 알고 있는 게 좋다. 만약 택시 운전사가 계속 담배를 피우
거나 빨간 신호등을 무시하고 달리거나 안전벨트가 너무 더러우니까 매지 말
라고 한다면 바크쉬쉬를 줄 필요가 전혀 없다.

미용사에게도 일반적으로 서비스에 대한 팁을 준다. 새로운 헤어 스타일이
만족스럽다면 보통 청구 금액의 10~20% 정도를 팁으로 준다.

불가리아의 공중화장실은 이미 대부분 사용료를 의무적으로 받는다. 팁이
선택 사항인 곳에 가게 된다면 청소부 상자에 50스토틴키(불가리아 레프 센트)
를 꼭 넣자.

서 먹을 수 있다. 전형적인 불가리아 음식에는 촘렉, 카바르마, 카파마와 같이 점토 냄비에 담겨 나오는 다양한 지역별 스튜와 반찬이 있다. 전통 불가리아 음식을 대표하는 또 다른 요리로는 어린 양을 꼬치에 통째로 끼워서 구운 체베르메가 있다. 천천히 구워서 만드는 이 음식은 로도피 지역에서 시작되었지만 지금은 불가리아 전역에서 맛볼 수 있다.

밤 문화

젊은이들이 저녁 식사 후에 갈 만한 곳으로 클럽이 있으며 그런 면에서 소피아는 그들을 실망시키지 않는다. 유명한 클럽인 붓다 바와 체르빌로(립스틱) 같은 곳에는 게스트 DJ와 테마 파티를 보려고 밤마다 수도에서 가장 패셔너블한 사람들이 모여든다. 또 다른 유명 나이트클럽 원스어폰어타임 비블리오테카는 국립도서관 내에 있고 수요일부터 토요일까지 문을 연다. 불가리아에서 가장 인기 있는 DJ 중 상당수는 얄타클럽에서 DJ 일을 시작했다. 얄타클럽은 1990년대 초 불가리아에서 최초로 일렉트로닉 음악을 선보였고 지금도 여전히 성업 중이다.

느긋한 분위기를 선호한다면 라이브 음악과 훌륭한 음식으로 유명한 마그니토 피아노 바 & 스시에 가거나 좀 더 친밀한 분위기를 선사하는 피아노 바 잭에서 촛불이 놓인 테이블에 앉아 블루스와 록을 즐길 수도 있다.

음악, 영화, 그리고 극장

발칸 민족의 피에는 음악과 춤이 흐른다. 발칸 민속 축제의 소리를 들으며 소용돌이치는 형형색색의 움직임을 지켜보면 이 말의 진정한 의미를 알 수 있다. 불가리아인들은 민속음악뿐만 아니라 클래식 음악에서도 명성을 얻었다. 불가리아에서는 미국보다 고급문화가 훨씬 더 대중적이다. 소프라노 게나 디미트로바와 같은 오페라 가수는 베르디 성악의 여왕으로 정평이 났고 외국인 최초로 자코모 푸치니 상을 받았으며, 외국인 가수로는 처음으로 라 스칼라 시즌의 '트리플' 개막 초청을 받기도 했다. 위대한 헤르베르트 폰 카라얀은 처음 그녀의 목소리를 들었을 때 이렇게 외쳤다. "나는 오로지 신만 들을 수 있는 목소리를 듣기 위해 지금까지 살았다!" 오페라의 거장 보

소피아의 이반 바조프 국립 극장

리스 크리스토프는 20세기 최고의 베이스 성악가 중 한 사람으로 무대에서 보여주는 카리스마와 극적인 성격으로 유명하다. 그는 표도르 샬리아핀과 표도르 스트라빈스키와 같은 슬라브 베이스의 위대한 전통을 이어받은 훌륭한 계승자였다. 또 다른 불가리아인 라이나 카바이반스카는 세대를 대표하는 리

릭-스핀토 소프라노 중 한 명으로, 1973년 토리노에서 마리아 칼라스가 연출한 유일한 오페라 〈시칠리아섬의 저녁기도〉에 참여했다. 다재다능한 가수인 라이나 카바이반스카는 1976년 에 플라시도 도밍고와 함께 출연한 〈토스카〉를 비롯하여 여러 편의 오페라 영화에 출연한 뛰어난 배우이기도 하다.

오페라 가수만큼 유명하지는 않지만 불가리아 팝과 록 그룹은 여러 세대에 걸쳐 가장 사랑받는 노래를 작곡했다. 1997년에 불가리아의 팝 디바 릴리 이바노바는 국제여성협회가 선정한 20세기 가장 유명한 여성 중 한 명이 되었다.

최초의 불가리아 영화는 바실 겐도프의 무성 코미디 영화 〈The Bulgarian is Gallant〉로 1915년 1월 소피아에서 상영되었다. 불가리아 영화의 한 세기는 격동의 불가리아 역사를 담고 있으며, 20세기의 다른 유럽 영화만큼 유명하지는 않지만 유럽 영화아카데미 회원인 랑겔 발차노프와 같은 매우 존경받는 감독을 배출했다. 그의 영화 〈Where Are You Going?〉은 1986년 칸영화제에서 상영되었다. 〈블랙 달리아〉(2006), 〈코난〉(2010), 〈익스펜더블 2〉(2011), 〈백악관 최후의 날〉(2012), 〈300: 제국의 부활〉(2012) 등 수많은 할리우드 블록버스터 영화가 소피아의 누 보야나 영화 스튜디오를 거쳐 갔다. 이 스튜디오는 2021년 한 해에만 10편 이상의 해외 작품 제작에 참여했다.

불가리아의 극장은 오랜 역사와 뛰어난 전통을 자랑하며 전국적으로 많은 극장에서 활발한 연극 무대가 펼쳐진다. 불가리아의 대표적인 국립 극장은 750석의 좌석을 갖춘 화려한 신고전주의 양식의 공연장이다. 소피아에만 12개의 극장이 있

으며 대표적으로 새티리컬, 아미, 199, 소피아, 티어스 앤드 래
프터가 있다. 불가리아 연극 작품과 연출가들은 2001년부터
소규모 극장에서 공연되는 오프브로드웨이 쇼에 참여해왔다.
불가리아어를 못 하는 사람에게는 안타깝게도 대다수 연극과
쇼가 불가리아어로 공연되지만 국립오페라발레 극장에서의
하룻밤은 놓치지 말자.

2019년 유럽의 문화 수도였던 플로브디프의 로마 원형극장
에서는 오페라, 클래식 음악, 뮤지컬, 연극 공연은 물론 딥 퍼

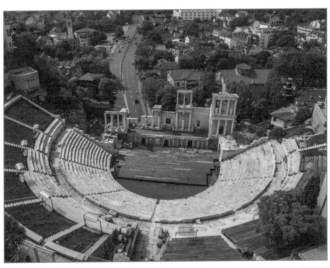

하늘에서 본 플로브디프의 로마 원형극장

플, 스팅, 섀기, 사바톤 등의 콘서트가 열린다. 공연 프로그램은 www.oldplovdiv.bg에서 확인할 수 있다.

축제

불가리아의 문화계는 젊은이와 노인, 아마추어와 전문가 모두를 위한 다양한 이벤트로 가득하다. 16개의 지역 및 국제 영화제, 50개가 넘는 국내 및 국제 음악(클래식, 합창단, 재즈, 발레) 페스티벌, 15개의 클래식 및 인형극 페스티벌 행사가 열린다. 이 모든 행사는 매년 불가리아 문화부가 주최한다. 적절한 시기에 불가리아에 왔다면 놓쳐서는 안 될 축제가 몇 가지 있다.

소피아에서 멀지 않은 페르니크에서는 매년 1월에 수르바 국제 가면 축제가 열린다. 가면 축제로는 최대 규모이고 가장 인상적이라고 할 수 있는 이 축제는 고대 이교도 의식인 쿠케리를 계승한 것으로, 가면과 의상을 착용한 사람은 악령을 멀리할 수 있다고 믿었다. 가면이 더 무서울수록 효과가 더 좋다고 한다. 쿠케리 축제는 불가리아 전역에서 인기가 있다.

2월은 와인 제조의 수호성인 성 트리폰 자례잔을 기념하는 달이다. 2월 14일에는 모두 아침 일찍 포도원으로 나간다. 각 포도원 주인은 자기 포도원에서 가장 큰 포도나무 주위를 파고 그 뿌리에 레드 와인을 세 번 부은 다음 특별한 의식용 빵을 '먹여'준 후, 빵을 쪼개서 참석자들에게 나눠준다. 포도원 주인은 포도나무의 가지를 세 개 잘라 둥글게 구부려서 붉은 실로 묶고 세 번 성호를 그은 다음 포도원을 축복한다. 그런 다음 모두 포도나무 옆에 앉아 잔치를 벌인다. 일 년 내내 가장 많은 양의 와인을 생산한 사람은 와인의 왕으로 선포되고 지난해 와인의 왕으로부터 축복을 받는다.

그다음에는 노래와 춤이 뒤따르고, 와인의 왕은 하느님의 사자이므로 발이 땅에 닿지 않게 무개 마차를 타고 집으로 돌아간다. 그 후 모든 사람이 그의 집으로 모여들어 밤새도록 축제를 즐긴다. 2월 14일은 성 밸런타인데이와 겹치는 날이기도 해서 현대 불가리아인들은 보통 이날 와인과 사랑을 모두 기념하고 싶어 한다. 그 이유는 쉽게 짐작할 수 있을 것이다!

불가리아는 전 세계 장미 오일의 약 70%를 생산한다. 매년 6월이 되면 장미 국가인 불가리아의 중심부 카잔루크에서 장미 축제가 열리고 장미와 관련된 모든 것을 기념한다. 장미 오일은 온도 변화에 강하여 우주 산업에서 윤활유로 사용되기도 한다. 장미 축제의 세 가지 주요 행사로는 장미꽃밭에서 열리는 이른 아침 수확제, 장미 여왕 선발대회, 그리고 각 마을의 중심가를 따라 펼쳐지는 장미 여왕 퍼레이드가 있다. 장미 축제와 불가리아 다마스크 장미의 명성에 이끌려 세계 각지에서 많은 사람이 이곳을 방문하고 있으며 특히 일본에서 많이 찾아온다.

'오직 불가리아에만' 있는 마지막 고유한 행사는 히피 시대의 대규모 우드스톡 축제의 전통에 따라 7월 1일에 열리는 7월 아침 축제이다. 유라이어힙의 히트곡 〈줄라이 모닝〉에서 이름을 딴 이 행사는 1980년에 매우 자연스럽게 시작되었다. 행사 하루나 이틀 전에 모든 연령대의 사람들이 일출을 보기 위해 히치하이킹을 하거나 아니면 다른 방법으로 흑해까지 가서 그 전날 저녁부터 밤새도록 제일 좋아하는 음악과 술, 친구들과 함께 시간을 보낸다. 2012년에는 1만 2,000명이 넘는 사람들이 일출을 보려고 카멘 브리아그(돌 해안)에 모였고 나중에 불가리아로 이주한 유라이어힙의 가수 존 로튼이 그곳에서 노래를 불렀다. 그리고 2022년에 이 축제가 다시 열렸다. 7월 아침 축제의 날짜는 아주 먼 옛날부터 불가리아 전역에서 인기를 끌었던 태양 숭배와 한여름 밤의 의식과도 관련이 있는 것 같다. 이 축제에는 누구나 참여할 수 있으며 예약은 필요 없다!

불가리아의 팝 음악을 들어보고 싶다면 가장 유명한 크리스코, 갈린, 파피 한스, 스칸다우, 아지스, 디브나, 폴리 제노바, 알렉스 레바, 데시 도브레바, 힐다 카자시얀 등의 아티스트를 추천한다.

스포츠

"신은 불가리아인입니다!" 1994년 월드컵 예선에서 에밀 코스타디노프의 골로 불가리아가 프랑스를 꺾고 본선에 진출했을 때 '미크마나(미드쉽맨)'로 불리는 스포츠 평론가 니콜라이 콜레프가 이렇게 외쳤다.

사회주의하에서 스포츠는 당국이 특히 중점을 두는 관심 분야였다. 무적의 신화를 쓴 세계적 레슬러이자 캐치 레슬링 선수인 댄 콜로프는 힘과 정신력에서 진정한 거인이다. 그가 "내가 강한 이유는 불가리아 사람이기 때문이다"라고 말하며 미국 시민권을 거부한 이후 많은 젊고 재능 있는 불가리아인이 역도, 리듬체조, 스포츠 체조, 배구, 육상, 무술, 복싱, 레

프랑스 오픈에서 그리고르 디미트로프가 경기하는 모습

슬링, 사격 등 다양한 스포츠 분야에서 새로운 기준을 세우며 세계 무대에서 이름을 알렸다. 오늘날 불가리아는 스포츠 영웅들을 여전히 국가의 자랑으로 여기며 국민은 대부분 그들의 팬이자 관중이다.

　사커 또는 풋볼로 불리는 축구는 '가장 좋아하는 국민 스포츠'라는 타이틀을 얻을 만하다. 토트넘, 맨체스터 유나이티드, 맨체스터 시티, 바르셀로나, 레알 마드리드, 유벤투스, 바이에른 등에서 뛰었던 수많은 불가리아 선수 중 가장 유명한 축구 선수로는 크리스토 스토이치코프와 디미타르 베르바토프

2019년 바쿠에서 열린 세계체조선수권대회에서 연기를 펼치고 있는 불가리아 대표팀

선수가 있다. 2013년에 베르바토프는 잉글랜드 챔피언십에서 200경기에 출전한 최초의 불가리아 축구 선수가 되었다. 그는 잉글랜드에서 305경기에 출전해 122골을 넣었다.

테니스 선수 그리고르 디미트로프는 2017년 테니스 남자 단식 세계랭킹 3위에 올랐다.

2021년 도쿄 올림픽에서는 불가리아 여자 선수들이 가라테(이벳 고라노바), 복싱(스토이카 크라스테바), 리듬체조(단체종합)에서 3개의 금메달을 획득했다. 육상 선수이자 유명한 높이뛰기 선수인 스테프카 코스타디노바는 1988년 서울 올림픽 은메달,

1996년 애틀랜타 올림픽 금메달리스트였으며 세계 선수권 대회에서 추가로 7개의 금메달을 더 땄다. 1987년에 스테프카 코스타디노바는 2.09m를 넘어 높이뛰기 세계 최고 기록을 세웠고 이 기록은 아직도 깨지지 않고 있다.

소피아와 주변에서 꼭 가봐야 할 관광지

길고 복잡했던 역사, 아름다운 자연, 독창적인 예술이 있는 불가리아는 누구나 가볼 만한 곳이다. 리비에라의 황금빛 모래는 해변을 즐겨 찾는 이들에게 매력적이며 광활하고 눈 덮인 봉우리와 에메랄드빛 호수가 있는 로도피산맥, 릴라, 피린 산의 광활하고 울창한 숲은 트레킹하는 사람들과 웅장한 정상을 좋아하는 사람들의 마음을 사로잡을 것이다. 불가리아의 전통 음악과 춤에 심장박동이 빨라질 것이고 현지인들의 따뜻함과 친절함에 감동하여 계속해서 다시 찾아오게 될 것이다. 하지만 시간이 부족하다면 꼭 가봐야 할 곳이 몇 군데 있다.

소피아에서 차로 1시간 30분 거리에 릴라 수도원이 있다. 릴라 산기슭의 계곡에 자리 잡은 이 수도원은 10세기에 지어

불가리아 최대 규모의 정교회 수도원인 릴라 수도원

진 곳으로 불가리아 국가 부흥 시대의 건축을 보여주는 대표
적 건축물이다. 이곳에서는 묵시록적인 지옥의 이미지 속에서
고통받는 죄인들을 그린 프레스코화가 가장 인상적이다.

보야나 교회는 13세기 중세 교회로 유럽의 르네상스보다
거의 한 세기 앞서 그려진 프레스코화로 뒤덮여 있다. 소피아
의 보야나 교외에 있는 이 교회는 유네스코 세계문화유산이다.

알렉산더 넵스키 대성당과 금박을 입힌 성당의 돔은 소피
아에서 가장 눈에 띄는 랜드마크이다. 도심의 위압적인 건축물

소피아 국립문화궁전

인 이 대성당은 불가리아 해방을 위해 노력한 러시아를 기념하기 위해 지었으며 중세 러시아 군사령관이자 대공이었던 알렉산더 넵스키의 이름으로 불리게 되었다.

국립 고고학 박물관은 사원을 개조한 건물이며 고대 및 중세 유물과 보물이 인상적으로 한데 모여있다.

국립문화궁전은 현대식 회의장 및 콘서트 센터로, 중앙홀은 우수한 음향 시설과 3,800석의 좌석을 갖추고 있다.

07

여행, 건강, 그리고 안전

불가리아는 전 세계와 잘 연결되어 있고 EU 운영 프로그램 덕분에 인프라가 향상되고 있기 때문에 불가리아와 그 주변을 편하게 여행할 수 있다.

불가리아와 그 주변 지역은 일반적으로 편하게 여행할 수 있는 곳이다. 불가리아는 전 세계와 잘 연결되어 있고 EU 운영 프로그램 덕분에 인프라가 향상되고 있기 때문이다. 3대 도로 인프라 확충 프로젝트, 즉 소피아와 그리스 국경을 연결하는 스트루마 고속도로, 소피아와 흑해 연안 바르나 시를 연결하는 헤무스 고속도로, 그리고 바르나와 부르가스의 해안 도시를 연결하는 흑해 고속도로가 아직 건설 중이다. 소피아에서 흑해 연안 도시 바르나와 부르가스까지 비행기로 이동할 수 있다. 플로브디프에 작은 국제공항이 하나 있지만 이 글을 쓰는 현재 다른 불가리아 도시로 가는 항공편은 없고 아일랜드, 영국, 독일로 가는 라이언에어 국제 항공편이 일주일에 몇 편 있을 뿐이다.

입국

방문객들은 항공, 도로, 철도 또는 선박을 이용하여 불가리아에 입국할 수 있다. 불가리아는 작은 나라지만 소피아, 바르나, 부르가스, 플로브디프 이렇게 네 곳에 국제공항이 있어서 유럽의 다른 지역과 잘 연결된다. 하지만 현재 북미로 가는 직항편은 없다. 비자가 필요한지 확인하려면 자세한 여행 정보를 제공하는 불가리아 외무부 웹사이트(www.mfa.bg)를 참고하기를 바란다.

소피아 공항은 그다지 붐비지 않기 때문에 승객들은 여권 심사, 짐 찾기, 세관 검사를 포함하여 보통 30분 안에 입국 수속을 모두 끝낼 수 있다. 공항을 떠날 때는 도착 구역에서 카운터를 운영하는 오케이 슈퍼트랜스에 택시를 예약하는 것이 가장 좋다. 수많은 불필요한 제안을 받으면 모두 거절해야 한다. 대다수의 택시 운전사가 당신을 속이려고 하기 때문인데 불가리아가 처음이라면 더욱 그렇다. 짐이 가볍다면 소피아 지하철이 도시 중심가로 가는 가장 효율적이고 빠른 교통수단이다. 공항을 오가는 일반 시내버스도 있지만 시간표를 꼭 확인해야 한다. 참고로, 소피아 공항에는 수하물 보관소가 없으므로 오래 기다리는 동안 시내 구경을 하고 싶다면 기프티드 소피아(www.giftedsofia.com/en/public-lockers-in-sofia)에서 제공하는 것과 같은 도심의 공용 사물함에 짐을 맡길 수 있다.

배로 오는 여행객들은 두 곳의 흑해 항구와 두서너 곳의 다뉴브 항구에 도착하게 된다. 아가사 크리스티의 〈오리엔트 특급 살인〉으로 영원히 기억될 오리엔트 특급열차는 2009년 말까지 불가리아를 거쳐 유럽과 아시아에 걸쳐 있는 이스탄불까지 승객들을 유럽 전역으로 실어 날랐다. 현재 불가리아는 범유럽 철도 네트워크의 한 부분을 차지하며 오스트리아, 헝가리, 세르비아, 튀르키예뿐만 아니라 루마니아, 러시아, 벨라루스까지 시즌별로 운행하는 흑해 기차를 이용하면 직행으로 갈 수 있다. 기차를 타면 소피아에서 이스탄불까지 약 11시간 30분 정도 걸린다.

유로라인과 플릭스버스와 같은 국제 버스 노선은 불가리아의 모든 주요 도시와 거의 모든 유럽의 수도 또는 대도시를 연결한다. 탑승과 하차는 이들 도시의 중앙 버스 정류장에서 한다. 직접 차를 몰고 불가리아에 입국하는 사람들은 시민권에 따라 달라지는 세관 규정과 필요한 서류를 잘 알고 있어야 한다. 불가리아 도로에서 운전하려면 통행료 지불 완료를 입증하는 스티커인 비네트가 필요하다. 비네트는 전국의 항구, 국경사무소, 우체국, 대형 주유소에서 구입할 수 있다. 스티커는 www.vinetki.bg에서 온라인으로 구입할 수도 있다.

모든 도로 표지판은 키릴 문자로 되어 있지만, 일부 거리 이름과 중요한 랜드마크는 영어로도 쓰여 있다. 스마트폰에서

구글맵이나 웨이즈와 같은 내비게이션 앱을 사용하여 길을 찾는 데 도움을 받을 수 있다. 여행 관련 앱을 더 알고 싶다면 239쪽 유용한 앱을 참고하기를 바란다.

통화 문제

1990년대 초는 불가리아의 금융 시스템에 격동의 시기였다. 금융 시스템을 안정시키기 위해 1997년 7월 불가리아에 통화위원회가 도입되어 현지 통화 레프를 세계 주요 통화와 연동시켰다. 그 결과 레프의 신뢰도가 향상되고 환율 예측 가능성이 커졌으며 물가 상승을 더 잘 관리할 수 있게 되었다. 통화위원회가 도입된 후, 불가리아에서 외화 거래에 대한 모든 제약이 사라졌다. 지역 은행은 아무런 제한 없이 개인 및 법인에 경화를 팔 수 있다.

현재 카드 결제가 널리 쓰이고 있지만 대도시 이외의 지역에서는 여전히 현금 지불이 압도적으로 많다. 표준 국제 신용카드와 직불카드를 사용할 수 있는 대규모 ATM 네트워크도 있다. 다만 거래 은행에 해외로 나갈 예정이라고 미리 알려서 계좌 접근을 차단하지 않도록 해야 한다. 한 번에 적당한 금액을 인출하는 게 좋고 언제든 너무 많은 현금을 가지고 다니지 않는 게 가장 좋다.

불가리아로 떠나기 전에 본국의 은행이나 환전소에서 레바를 사지 못할 수도 있으므로 불가리아에 도착한 후 은행, 대형 호텔, 환전소에서 환전할 수 있는 유로를 미리 준비해두는 것이 좋다. 환율이 좋지 않은 공항에서는 환전소를 이용하지 않는 것이 좋다. 거래하기 전에 환율을 확인하기를 바란다. 2014년에 불가리아 통화는 유로화에 연동되었으며 1유로는 약 1.955 BGN이다.

소피아 둘러보기

소피아 도심을 둘러보는 가장 좋은 방법은 도보로 이동하는 것이다. 하지만 서둘러야 한다면 시의 대중교통 시스템을 이용하거나 택시를 타도록 한다. 소피아에는 현대적인 지하철과 버스, 전차(트램), 트램과 버스의 중간 형태인 트롤리버스로 구성된 광범위한 네트워크가 있다. 버스, 전차, 지하철은 오전 5시

소피아 시내의 트램

부터 자정까지 운행하며, 현재 자정부터 오전 4시까지 운행하는 버스 노선은 4개이다. 시간표는 www.sofiatraffic.bg/en을 참고하면 된다.

현재 모든 버스, 트램, 트롤리버스에서 비접촉식 카드 결제가 가능하다. 이 글을 쓰는 시점에도 역에서 혹은 운전기사로부터 단거리 승차권이나 다양한 교통 카드를 구매할 수 있으나 가격이 비싸며, 전자 승차권을 활성화하기 위해 이런 구매 방식은 단계적으로 폐지되고 있다. 메트로 e카드는 지하철역

소피아의 지하철

입구에서, 버스와 트램은 단말기에 카드를 터치하여 사용한다.

여름에 버스와 전차를 타면 혼잡하고 더울 수 있으므로 서양 기준으로 볼 때 저렴한 택시를 이용하는 것이 가장 좋다. 택시는 대부분 미터기 요금제를 사용하며 노란색 택시는 믿을 만하다. 팁은 주지 않아도 되지만 요금은 반올림해서 계산한다. 길거리에서 택시를 잡을 때는 차에 타기 전에 기사에게 요금을 확인하는 것이 좋다.

우버나 리프트와 같이 세계적으로 많이 이용하는 차량 호출 앱은 현재 불가리아에서 이용할 수 없다. 현지에서 가장 좋은 차량 호출 앱은 택시미이며, 면허를 소지한 운전자와 일반적으로 잘 관리된 차량이 온다. 요금은 기준이 정해져 있으며 앱을 통한 카드 결제가 가능하다.

라임, 버드, 현지 업체 호보는 소피아에서 아무 데나 편하게 세워두는 프리플로팅 방식의 전기 스쿠터를 대여해준다. 법에 따라 스쿠터를 인도에서는 탈 수 없으며 18세 미만 사용자는 헬멧을 착용해야 한다. 관광을 원하는 방문객은 전기 자전거를 대여할 수 있다. 예약하려면 www.rentebike.bg를 참고하기를 바란다.

소피아 외곽 여행

수도 외곽으로 여행하려면 렌터카, 시외버스, 기차, 택시 중에서 선택할 수 있고 시간을 아껴야 한다면 단거리 국내선 항공편을 이용할 수도 있다. 불가리아 국영 항공사인 에어 불가리아는 수도와 바르나 또는 부르가스 간 정기 항공편을 운행한다. 기차와 비행기 표는 온라인, 기차역이나 버스 정류장, 여행사에서 구입할 수 있다. 택시를 타고 다른 도시로 가려면 두

배의 요금이 부과된다. 장거리 여행의 경우 택시 합승이 가능하고 기차역 앞에서 택시 운전사가 합승을 권유하는 경우가 많다.

차량 공유는 저렴한 비용과 친환경적이라는 점에서 최근 몇 년간 도시 간 여행 수단으로 더 많은 인기를 얻게 되었다. 트립인피 및 15투고는 현지에서 사용되는 가장 인기 있는 앱이다. 두 앱 모두 사용자와 같은 방향으로 가는 운전자 및 다른 탑승자를 연결해준다.

【 버스와 기차 】

스마트폰이 등장하기 전에는 버스나 기차에서 같은 여행자끼리 이야기도 나누고, 정치 토론을 하며, 카드 게임을 하기도 하고, 음식과 가끔은 맥주를 나누며 느긋하게 시간을 보내곤 했다. 외국인은 언어 장벽 때문에 특별한 관심을 받기도 하고 그렇지 않기도 했다. 요즘은 승객 대다수가 휴대폰이나 노트북을 들여다보거나 전화 통화를 하며 시간을 보내길 더 좋아한다. 그래도 버스나 기차 여행은 여전히 비교적 저렴하게 전국을 여행할 수 있는 방법이며 승객들에게 아름다운 풍경을 선사한다.

기차 여행은 비교적 비용이 적게 들고 아름다운 경치를 선사한다.

 불가리아에는 수많은 민영 버스 회사가 있어서 대다수 목
적지로 가는 버스가 하루에 여러 차례 운행된다. 소피아 중앙
버스정류장에는 불가리아의 거의 모든 지역으로 가는 국내 노
선이 있다. 다양한 운행업체의 발권 창구가 다수 있으며 목적
지가 명확하게 표시되어 있다. 버스표는 탑승 전에 구매해야

한다.

영어로 물어볼 수 있는 안내데스크가 있으나 운전기사는 불가리아어 외의 다른 언어를 구사하는 경우가 거의 없고 지명은 대체로 키릴 문자로 적혀있다. 일반적으로 영어를 할 줄 아는 승객이 있다면 선뜻 도와줄 것이다.

여름철에는 차량이 만석인 경우가 많으므로 예약하는 것이 좋다. 장거리 버스인 코치에는 에어컨이 설치되어 있으며, 이동 중에는 모니터에 영어 자막이 있는 영화가 상영된다. 소피아에서 부르가스까지 버스로 약 7시간 정도 걸린다.

매우 느리긴 하지만 장거리 열차도 불가리아를 여행하는 멋진 방법이다. 서두를 필요가 없다면 기차 여행은 느긋하게 앉아서 경치를 감상할 수 있으므로 완벽한 여행 방법이다. 기차 노선은 소피아, 플로브디프, 부르가스, 바르나를 연결한다. 표는 기차역에서 구입하거나 www.bgrazpisanie.com에서 예매하고 기차 시간표도 확인할 수 있다.

【운전】

차라리 차를 렌트해서 혼자만의 시간을 즐기고 싶다면 몇 가지 기억해 둘 사항이 있다. 고속도로 표지판을 제외한 모든 표지판은 키릴 문자로 되어 있어서 방문 중인 운전자는 대체로 혼란스러워한다.

밤 운전은 위험하다. 도로 상태가 열악한 곳이 많고 도로 작업을 할 때 불을 켜지 않거나 표시가 없는 경우도 많기 때문이다. 운전 규율은 대체로 느슨한 편이어서 서양인이 볼 때 불가리아 운전자들이 공격적으로 보일 수도 있다.

제한 속도는 엄밀하게 감시하기 때문에 반드시 지켜야 하며 벌금은 현장에서 부과된다(벌금을 온라인으로 납부할 수 있다).

경찰 내 부패 근절에 상당한 진전이 있었지만, 오래된 습관은 쉽게 사라지지 않으므로 전국 곳곳에서 임의로 함정 단속을 하는 경우가 많다.

현지 운전자들은 교통경찰이 속도위반을 잡기 위해 교묘하게 숨는 장소를 잘 알고 있으므로 다가오는 차량에 헤드라이트 불빛을 번쩍여 앞에 '함정'이 있다고 알려줄 때가 많다.

불가리아의 교통경찰은 일반적으로 친절하고 정중하며 자신의 이름을 알려 신분을 밝히도록 교육받는다. 교통 법규를 위반했다면 침착하게 기다려야 한다. 경찰관에게 따져봐야 상황만 나빠지고 벌금이 올라갈 수도 있다! 과속으로 적발되면 교통경찰에게 뇌물을 주려고 해서는 안 된다. 그게 더 쉬운 방법처럼 보일지라도 역효과를 낳을 수 있다는 것을 알게 될 것이다.

간단히 말하자면, 가능하면 도로 사정과 교통 상황을 잘 아는 불가리아 친구와 함께 운전하고, 길을 잃거나 판단력이 흐려질 수 있으니 혼자서 모험을 떠나지 않도록 한다.

• 도로 규정 •

- 자동차의 제한 속도는 달리 명시되지 않는 한, 시 경계 내에서는 시속 50km, 시 외곽에서는 시속 90km, 고속도로에서는 시속 120km이다.
- 주간을 포함하여 연중 하향등 또는 전조등을 완전히 켜고 운전하는 것이 의무 사항이다.
- 소화기, 구급상자, 삼각형 경고 표지판, 반사 재킷을 반드시 휴대해야 한다. 불가리아에 등록된 차량은 겨울용 타이어를 의무적으로 장착해야 한다.
- 법적 음주운전 처벌 기준은 혈중알코올농도 0.05% 이상이다.
- 사고 발생 시 112에 전화하거나 모든 운전자가 소지해야 하는 사고 피해 양식을 작성하여 경미한 피해에 대한 보험금 청구를 처리하도록 한다. 렌터카를 운전했다면, 렌터카 회사에 고장 발생 시 대처 방안을 문의한다.

보건 의료

불가리아에는 의무 건강 보험과 민간 의료 행위가 결합된 2단계 의료 보장 시스템이 있다. 모든 거주자는 일정 수준의 보험 혜택을 받을 수 있으며, 추가 비용을 부담하면 민간 의료 서비스를 추가로 받을 수 있다. 거주자는 또한 유럽건강보험카드 EHIC를 발급받을 자격이 있다.

대다수의 불가리아 병원 시설은 다른 EU 국가와 비교하여 기초 수준이지만 최근 몇 년 동안 상황이 개선되고 있다. 불가리아의 의사들은 전국의 4개 의과대학에서 높은 수준의 교육과 훈련을 받는다. 과거에는 이 대학들에 그리스, 튀르키예, 중동 및 아프리카 국가의 많은 유학생이 몰려왔다. 지방 의료 센터에는 전문 장비와 치료 약이 제대로 갖춰져 있지 않을 수 있지만 의료 서비스 수준은 대체로 양호하다. 특히 소도시의 병원에는 영어를 할 줄 아는 직원이 거의 없다. 반면 사설 클리닉과 병원은 일반적으로 시설이 잘 갖추어져 있고 비교적 저렴하며, 그곳에서 일하는 의료진은 대체로 영어를 할 줄 안다. 비유럽연합 건강 보험을 적용하지 않는 사립 병원도 있으므로 병원 행정실에 문의하여 확인하는 것이 가장 좋다.

전국 긴급 전화번호
구급차 150
소방 및 구조 160
경찰 166
불사르(흑해 수색 및 구조) 088 161
자동차 고장(소피아 내) 1286
자동차 고장(소피아 외곽) 146
당직 약국 178

여행 중에 긴급 의료 지원이 필요한 경우 112에 전화해서 구급차를 요청하도록 한다. 유럽 어디서나 모든 전화(유선전화, 공중전화, 또는 휴대폰)에서 다음 번호를 누르면 긴급 서비스(의료, 소방, 경찰)와 연결된다. 통화료는 무료이다. 치료를 위해 의료기관에 의뢰되었으면 즉시 보험/의료 지원 회사에 연락해야 한다.

교환원이 발신자가 쓰는 언어를 모를 때 발신자의 언어를 선택하면 시스템이 자동으로 해당 언어를 구사하는 상담원에게 연결해준다.

안전

불가리아에서는 심각한 범죄가 좀처럼 일어나지 않으며 관광객이나 방문객이 주의를 기울이고 상식적으로 행동하면 좀처럼 피해를 당하지 않는다. 그러나 대체로 매춘 조직, 나이트클럽, 카지노 운영과 같은 어둠의 거래 내부에서는 조직범죄 집단이 활동하고 있다. 매춘이 불법은 아니지만, 소녀들과 알선업자들은 외국인 고객을 대상으로 한 소매치기, 강도, 폭행에 연루될 때가 많다. 일반적으로 불가리아 여성들은 안심하고 거리에 나올 수 있지만, 전 세계 어디에서나 그렇듯이 모든 여성은 현명한 예방 조치를 취해야 한다.

바, 나이트클럽, 스트립 클럽에서 바가지요금을 청구할 수 있으며 피해자가 과도한 금액을 내지 않겠다고 거부하면 협박이 뒤따른다.

도둑들이 사용하는 수법 중 하나는 고의로 자동차 타이어에 펑크를 낸 다음 운전자와 동승자의 주의가 분산된 틈을 타 차량에서 개인 소지품과 서류를 훔치는 것이다. 다시 한번 강조하지만, 언어가 통하지 않는 낯선 곳 또는 현지의 악의적인 범죄자들이 어떤 수법을 쓸지 모르는 곳에 갈 때는 항상 경계

심과 상식적인 주의가 필요하다.

동물 관련 위험도 주의해야 한다. 도시의 거리를 배회하는 유기견의 수는 꾸준히 감소하고 있으나 무리를 지어 다니는 유기견이 특히 위험하다. 불가리아에서 드물지만, 광견병이 발생하므로 개에게 물렸을 때는 즉시 도움을 요청하도록 한다.

경찰

과거에 불가리아에서 경찰은 명예로운 직업이 아니었다. 경찰은 무식하기로 악명이 높았고 많은 경우 조롱의 대상이었다. 당시 경찰은 '인민 민병대'로 불렸고 부정부패가 만연했다. 연줄이 좋은 사람들은 돈으로 운전면허증을 사고 뇌물로 벌금을 피할 수 있었으며, 심지어 심각한 범죄를 저질러도 감옥에 가지 않았으므로 자신이 법 위에 있다고 생각했다. 그렇지 않은 일반인은 체포된 용의자를 대상으로 한 민병대의 폭력과 잔인한 태도 때문에 두려움에 떨었다. 시간이 흘러도 상황은 크게 달라지지 않았다. 2020년 여름, 경찰은 반정부 집회 참가자들을 구타했다. 경찰의 행동이 카메라에 잡혔지만, 내무부는 녹화 영상 공개를 거부하고 심지어 그런 자료가 존재하지 않는다고 주장했다. 일반적으로 불가리아 사람들은 경찰을 신뢰하지 않으며, 피해자들이 범죄 사실을 경찰에 신고하지 않는 경우가 많아서 전통적인 유형의 범죄가 증가할 위험이 있다.

1990년대 초부터 지원자들은 심리 테스트를 통과해야 경찰 조직에 입문할 수 있게 되었고 직업적 안정과 경찰직에 대한 새로운 존경심 덕분에 이제 많은 사람이 경찰관이 되려고 한다. 불가리아 경찰 조직에는 여전히 남성이 압도적으로 많고 여성 지원자는 거의 없다. 경찰에 연락하려면 166번으로 전화하면 된다. 불가리아 내무부 공식 웹사이트 주소는 www.mvr.bg이다.

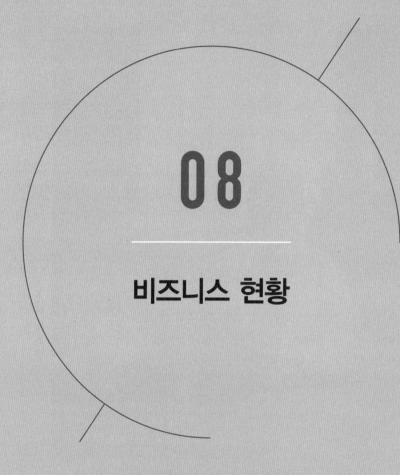

08

비즈니스 현황

불가리아의 비즈니스 구조는 매우 계층적이어서 본사 또는 고위 경영진이 모든 결정을 내린다. 경영 방식은 독재적이며 상사와 직원 간의 경계가 엄격하다.

직장 문화

불가리아의 비즈니스 구조는 매우 계층적이어서 본사 또는 고위 경영진이 모든 결정을 내린다. 이는 불가리아 사회가 거의 '상명하복' 방식으로 굴러간다는 방증이다. 경영 방식은 독재적이며 상사와 직원 간의 경계가 엄격하다. 불가리아의 나이든 관리자들은 권한 위임 역량이 부족할 때가 있는데 서양식 교육을 받은 젊은 관리자들은 이 점에서 더 나은 역량을 발휘한다.

부하 직원들은 서로 쉽게 친구가 되어 자신의 기쁜 일과 사적인 문제를 공유하지만 개인적인 문제는 직장 밖에서 해결한다. 반면 관리자들은 이런 사교 모임에 참여하는 경우가 드물어서 이와 같은 방식으로 사교 활동을 하려고 한다면 즉시 체면을 잃고 소문의 대상이 될 수 있다.

회의 일정 잡기

불가리아에서 비즈니스 약속을 잡는 방식은 다른 유럽 국가와 거의 동일하다. 응답할 시간을 충분히 주되, 휴일과 여름철은 피하도록 한다. 비즈니스 미팅 일정을 잡으려면 보통 2~3주 전에 계획을 세워서 되도록 업무 시간인 월요일부터 금요일까지, 오전 9시에서 6시 사이에 이메일이나 전화로 연락한다.

가능하다면 의사 결정권자를 개인적으로 잘 아는 사람을 중재자로 활용하는 게 좋다. 기다리는 시간을 크게 단축할 수 있기 때문이다. 그렇지 않으면 경영진의 개인 비서를 통해 연락을 취하게 되고 미팅 일정은 일정표에 따라 얼마 후로 정해질 것이다. 예고 없이 직접 찾아가면 환영받지 못할 것이며, 미팅이 성사될 가능성은 매우 낮다.

소개 회의는 개인적인 친분을 쌓고 신뢰 구축에 전념해야 하는 자리이며 프레젠테이션이나 의사 결정을 위한 시간이 아니다. 불가리아의 사업가들은 융통성이 매우 좋아서 외국 파트너의 일정과 선호도에 일정을 맞춰 줄 수 있으나 서두르는 건 좋아하지 않는다. 관련 회사 또는 당사자와 이미 신뢰 관계를 구축한 사이가 아니라면 서두르는 접근 방식은 의심을 살 수 있다.

인사와 첫인상

불가리아 속담에 '얼굴로 환영받고 머리로 배웅받는다'라는 말
이 있다. 불가리아 사람들은 비즈니스 미팅에서 공식적인 의전
과 보수적인 복장 규정을 준수함으로써 존중을 표현한다.

외모는 불가리아인에 대한 첫인상에 매우 중요하다. 멋지고
세련된 브랜드 옷, 흠이 없고 반짝이는 신발, 깨끗하고 깔끔
한 손톱, 단정한 머리, 적절한 액세서리 등 이 모든 것이 올바
른 인상을 줄 것이다. 캐나다 작가 말콤 글래드웰이 『블링크:
운명을 가르는 첫 2초의 비밀』에서 언급한 순간에 이루어지는
긍정적 판단이 바로 이것이다.

상대방과 만나면 일반적으로 힘주어 악수하고 눈을 맞추
며 시의적절한 인사를 나눈다. 친숙한 사람이라면 될 수 있으
면 직함으로 부르거나 성 앞에 Mr.(고스포딘) 또는 Mrs.(고스포
자)를 붙이는 게 좋다. 예를 들어 수의사나 의사는 항상 '닥터'
라고 부르고 박사 학위 소지자는 학계 직함인 교수 또는 강
사(일부 유럽 고등 교육 시스템에서는 부교수)로 부른다. 친구와 가족들
만 서로 이름을 부르고 공개적으로 포옹이나 키스를 한다. 외
국인은 상대방과의 관계가 비공식적으로 될 때 항상 불가리아

사람이 주도권을 잡게 해야 한다.

명함은 항상 첫 미팅에서 교환한다. 명함을 충분히 가지고 있으면 긍정적인 인상을 남길 것이다. 중요한 건 불가리아 사람들의 단순명쾌함을 과소평가하지 않아야 한다는 것이다. 불가리아 사람들은 업무 상황에서도 비교적 내성적이긴 하지만 매우 명쾌하고 직설적이다. 유머 감각도 매우 뛰어나서 분위기

• 충분히 여유를 둘 것 •

비즈니스 미팅이 길어질 수 있으니 그럴 때를 대비해야 한다는 점을 기억하자. 회의는 일반적으로 할당된 시간보다 더 길어질 수 있으므로 그럴 때를 대비해 예정된 미팅 사이에 충분한 시간을 확보해 두어야 한다.

불가리아 사람들은 상대가 회의록 작성자를 동반하지 않았거나 가방을 들어줄 사람과 같이 오지 않았다고 해서 덜 중요한 사람으로 생각하지 않는다. 당신의 지위는 해당 사안을 혼자 결정할 수 있는가로 판단된다. 일행과 함께 왔다면 누가 누구인지 상대방이 알고 있어야 한다. 회의 주체자로서 불가리아 비즈니스 파트너는 직위와 관계없이 모든 사람을 존중한다. 하지만 협상에 관해서는 최고위직과 대화할 것이다.

를 부드럽게 만들 수 있다.

프레젠테이션

불가리아의 기업인들은 시간을 소중히 여기기 때문에 아무리 잘 구성되고 보기에 인상적일지라도 파워포인트 프레젠테이션이 너무 길면 시간 낭비라고 생각할 것이다. 불가리아 파트너는 회의 전에 관련 자료를 받아서 먼저 읽어보고 난 다음 논의할 준비를 해서 오려고 할 것이다. 하지만 토론과 함께 생동감 있고 실제 자료가 풍부한 흥미로운 프레젠테이션을 준비하는 것도 좋은 생각이다. 청중은 앉아서 조용히 지켜보겠지만, 프레젠테이션 중에 사람들이 서로 귓속말을 하기 시작하면 발표 주제에 관심이 있다는 표시일 수 있으니 개의치 말고 계속 진행해도 좋다. 프레젠테이션이 끝나면 질문할 시간이 주어지므로 프레젠테이션을 중간에 방해하는 것은 예의에 어긋나는 행동으로 간주된다.

협상

불가리아의 기업가들은 위험 회피 성향이 강하며 중요한 결정을 내릴 때 서두르는 것을 좋아하지 않는다. 이들은 '첫 가위질을 하기 전에 세 번은 자로 재봐야 한다'는 원칙을 따르기 때문에 서양에서 온 파트너에 비해 마감 시한을 덜 중요하게 여긴다. 이미 말했듯이 불가리아인들의 이런 태도는 '일은 토끼가 아니므로 달아나지 않을 것이다'라는 속담에 잘 나타난다.

불가리아인의 협상 스타일은 정중하고 유연하다. 비즈니스 협상은 일반적으로 총괄 담당자 또는 고위급 임원과 진행한다. 협상단이 동행할 수도 있지만 이는 집단으로 논의하고 결정하기 위한 것이라기보다 방문 대표단과 보조를 맞추기 위한 것이다. 이 경우 담당자는 팀의 제안에 귀를 기울이겠지만 결국 최종 결정은 담당자의 몫이다.

불가리아 사람들은 본론으로 바로 들어가서 가장 시급한 업무 사항을 논의할 가능성이 크다. 예기치 않은 요구 사항을 제시하면 불가리아 사람들은 시간을 더 달라고 하면서 협상 과정을 미룰 수도 있다. 즉각적인 답변을 요구하면 대부분 부정적이거나 만족스럽지 못한 답변이 돌아올 것이다. 의사 결정 과정은 대부분 1인 협상으로 진행된다. 총책임자가 협상을 진행하면서 즉석에서 결정을 내리거나 신중하게 생각할 시간을 가질 수도 있다. 그러나 불가리아와 거래할 때는 해당 외국 기업이 협상하고 있는 회사가 어떤 회사인지 잘 알아야 한다. 회사의 소유주와 경영자가 다르다면 중요한 결정을 내릴 때 소유주에게 상의할 것이다. 합병, 합작 투자 및 상당한 규모의 투자 관련 협상일 경우에는 이사회와 먼저 협의할 것이다. 복잡한 조직 구조를 가진 대기업의 경우 소유주/총괄 관리자가 일방적으로 결정하거나 이사회 의결을 통해 결정한다.

불가리아 기업들은 외국 기업과 협상을 진행할 때 보통 전문 통역사, 번역가, 변호사 서비스를 이용한다. 그러므로 불가리아 변호사를 쓰는 것도 현명한 방법이 될 것이다. 합의에 도달한 후에는 항상 오해의 소지가 있으므로 모든 세부 사항을 검토하고 작업을 위임하고 마감일을 명확히 하는 것이 가장 좋다.

협상이 끝나면 불가리아 측에서는 바로 협상 테이블을 떠나지 않고 한동안 남아서 커피나 차를 마시며 불가리아에 관한 이야기를 나누거나 불가리아에 대한 인상을 물어볼 것이다. 가볼 만한 곳이나 음식이 맛있는 레스토랑을 추천하고 저녁 식사에 초대할 수도 있다. 이때는 불가리아의 정치, 문화, 일상생활에 관한 얘기를 할 수 있으나 가족, 친구, 자세한 학력 사항 등 좀 더 사적인 대화를 나누기까지는 시간이 걸릴 것이다. 이런 상황은 협상이 완료된 후나 조금 더 나중에 신뢰가 쌓이고 업무 관계가 돈독해지면 가능할 것이다.

비즈니스 식사

불가리아 사람들은 비즈니스를 하면서 동시에 즐기고 싶어 한다. 협상 후에 현지 술집이나 민속 식당에서 전통 음식, 술, 음악, 춤을 즐기며 긴 저녁 시간을 보낼 수 있다. 협상은 상호 이익이 되는 합의를 도출하는 것뿐만 아니라 외국 비즈니스 파트너가 불가리아에 머무는 동안 최대한 즐겁게 지내고 불가리아에 대해 더 많이 알 수 있게 돕는 것이기도 하다. 비용은 저녁 식사에 초대한 사람이나 술을 주문한 사람이 지불한다. 음식을 나눠 먹는 경우는 흔하지 않으며 이상하게 생각한다.

소피아에서 비즈니스 점심 식사는 런던, 프랑크푸르트, 로

스앤젤레스보다 시간이 오래 걸리지만, 불가리아에서 비즈니스에 성공하려면 튼튼한 위, 강한 인내심, 원만한 인간관계가 중요하다는 것을 기억해야 한다.

계약 및 이행

불가리아 상법은 로마법을 기반으로 한다. 계약을 무효로 하거나 취소할 수 있는 조건은 불가리아의 법률에 자세하게 규정되어 있다. 그러므로 불가리아 비즈니스 파트너와 계약서를 작성할 때 불가리아 회사법에 정통한 변호사의 도움을 받아야 한다. 실제로 불가리아의 참여자가 관여하는 국제 비즈니스 협상은 일반적으로 기존 모델을 따르며 국제 기준에 부합한다.

불가리아에서 성공적으로 비즈니스를 하기 위해서는 상호 신뢰와 좋은 인간관계가 중요하지만, 이 관계를 발전시키기 위해서는 오랜 기간 협력이 필요하며 서면 계약도 여전히 중요하다. 불가리아 사람들이 구두 합의를 계약상의 의무로 받아들이는 때도 있긴 하지만 보편적으로 이루어지는 관행은 아니며 진지한 비즈니스 관계에서는 이런 사례를 찾아보기 어렵다. 마감 시한이나 특정 완료 시점을 어겼을 경우에 관한 위약금 조항이 계약서에 명시되어 있다면, 불가리아 사람들은 계약 위반에 세심한 주의를 기울이고 이를 매우 심각하게 받아들인다.

분쟁 처리

분쟁 발생 시 불가리아에서는 보통 소송과 중재를 모두 사용한다. 과거에는 민사 소송 절차가 길고 비효율적이었다. 2008년 3월에 새 민사소송법이 발효되어 민사 소송 절차가 더 효율적으로 개선된 것으로 보인다.

일반적으로, 외국인 투자자들은 여전히 불가리아 민사법원이 효과적인 분쟁 해결에 필수적인 기준을 따라가지 못한다고 생각하는 경향이 있다. 대체적 분쟁 해결, 특히 중재는 시간과 비용을 절약하고 관련 당사자에게 기밀 유지와 더 많은 재량을 주면서 불가리아에서 인기를 얻고 있다. 중재는 법률에 따라 명시적으로 인정되며, 중재자는 해결 과정을 촉진하지만, 해결책을 강요하지는 않는다.

외국인 관리자는 때때로 자신이 이끄는 회사 내에서 의견 차이를 관리해야 할 수도 있다. 직장 내 의견 불일치의 원인은 개인적인 문제부터 사무실 정치, 노동 관련 분쟁에 이르기까지 다양하다. 불가리아 직장인들은 상사가 모든 결정을 내리고 지시하기를 기대하지만, 체면을 잃는 것은 매우 바람직하지 않기 때문에 인정과 존중도 받고 싶어 한다는 점을 기억해야 한다. 그러므로 또 다른 금기사항은 직원 앞에서 거만한 태도를 보이는 것이다.

비즈니스 선물

외국 기업을 처음 방문하는 불가리아 기업인들은 대체로 선물을 가져온다. 통계에 따르면 불가리아의 기업 선물 시장은 연 20% 성장세를 보였다고 한다. 불가리아 내에 있는 기업들이 전통적으로 크리스마스, 부활절, 성 조지의 날과 같은 기념일에 선물을 주고받기 때문이다. 그러나 부패율이 상대적으로 높은 불가리아에서 비즈니스 선물을 주는 것은 민감한 문제이다. 여러 가지 의미로 해석될 수 있는 값비싼 선물보다는 독창적이고 사려 깊은 선물을 하는 게 더 낫다.

홍보용 메모장, 펜, 마우스 패드, 회사 달력, 정리함, USB, 시계, 재떨이와 같은 브랜드 사무용품이 가장 전통적인 선물이다. 기타 전통적인 선물에는 고급 와인 한 병, 액세서리가 포함된 와인 랙, 고급 초콜릿, 페이스트리나 말린 과일이 담긴 선물 바구니 등이 있다.

선물은 받는 사람의 사회적 지위에 맞는 것이어야 하고 존경받는 고객에게는 신경 써서 좀 더 개인적인 선물을 해야 한다. 회사 직원의 개인적인 경조사에는 바우처, 여행상품권, 또는 꽃과 같은 선물을 많이 한다.

불가리아에서는 선물을 받은 사람이 기쁘고 감사한 마음을 표현할 수 있도록 선물을 받으면 바로 열어보는 것이 일반적이다.

【 뇌물 수수 및 부패 】

불가리아에서 회사를 설립하려는 사람들에게 불가리아 경제는 여러 가지 장단점이 있다. 단점 중에는 국제투명성기구의 부패인식지수가 잘 보여주듯이 여전히 해결되지 않은 공공 부문의 뇌물 수수 및 부패 문제가 있다. 부패인식지수가 0이면 매우 부패한 수준이며 100이면 깨끗한 상태이다. 2021년에 불가리아의 부패인식지수는 42를 기록하여 이웃한 알바니아(35)와 세르비아(38)보다 조금 앞섰다.

공공 기관이 적극적인 조치를 도입하여 효율성을 증대하고 입법 체계의 실효성을 향상하는 등 유럽 집행위원회의 주요 권고에 따라 사소한 부패가 점점 줄어들고 있으며 기업가와 기업들은 비공개 서비스에 대한 대가로 공무원에게 소위 '세금'을 더 이상 내지 않게 되었다.

불가리아는 개인 차원의 부패 수준이 EU에서 4위를 기록했으며 의사, 경찰관 또는 기타 기관을 상대하는 많은 불가리아인은 더 빠르고 나은 서비스를 받기 위해 금전, 선물, 호의를 제공한다. 이런 행동은 예외라기보다 평범한 일로 간주하며, 오스만 시대 이후로 불가리아인들의 정신에 깊이 자리 잡게 되었다. 참고로 의심스러운 상황에 놓인다면 믿을 만한 현지 지인에게 당신이 알아챈 신호를 해석해달라고 부탁하고 어떻게 대응해야 하는지 의견을 구하는 것이 좋다.

여성 기업인

불가리아는 가부장적 사회였다. 남성은 생계를 책임지고 여성은 가사를 담당하곤 했다. 그런데 공산주의 이데올로기가 이 모든 것을 바꿔놓았다. 여성을 사회적으로 남성과 동등하게 대하고 건설, 야금, 엔지니어링 등 주로 남성이 종사하던 직업 분야에서 여성이 일하도록 장려했다. 소위 '남성' 직업을 가진 여성은 사회적 지위가 높았고 칭찬과 존경, 그리고 물질적 보상을 받았다. 그러나 여전히 남성을 '가장'으로 생각하고 있으며, 이런 태도는 오늘날 비즈니스 관계로까지 이어져 여성은 더 적은 임금을 받고 일하며 승진 기회도 더 적다. 여성은 끊임없이 자신을 증명해야 하며, 전문가로서 존경받기란 쉽지 않다. 기업들은 여전히 숙련되고 지식이 풍부한 여성보다는 교육 수준이 낮고 경험이 부족한 남성을 고용하려고 한다. 여성을 고용하면 임신과 출산으로 인해 큰 비용이 발생할 수 있기 때문이다. 불가리아는 유럽에서 최장기인 410일의 유급 출산 휴가를 제공하고, 이 기간 이후에도 아이를 키우고 싶어 하는 여성에게 아이가 두 살이 될 때까지 출산 수당을 계속 지급한다는 사실만 봐도 알 수 있다.

• 문화적 실수 •

다음과 같은 말은 피해야 한다.

"러시아 문자를 사용하시죠?"

"불가리아어가 마케도니아어와 비슷하네요."

"불가리아어는 그리스인들이 만들었죠?"

피해야 할 것

지나친 열정과 과도한 제스처, 과장된 웃음

이 세 가지는 거짓 행동으로 비치고 당신의 의도를 의심하게 만든다.

불가리아에서 새로 알게 된 사람과 대화할 때 피해야 할 주제

롬인을 포함한 소수 민족, 합법적이든 불법적이든 이민자, 불가리아의 정치, 인

권, 외국인 혐오, 인종주의, 동성애 혐오

09

의사소통

2007년 1월 불가리아 키릴 문자는 유럽연합의 세 번째 공식 알파벳이 되었다. 2021년 인구 조사에 따르면 695만 명이 불가리아어를 모국어로 사용하고 있다. 불가리아 과학아카데미(BAN)에 따르면 전 세계적으로 약 1,500만 명이 불가리아어를 사용하고 있다.

언어

불가리아어는 인도유럽어이자 슬라브어 어족의 남부 분파에 속하는 언어로, 문서로 남아 있는 최초의 슬라브어이다. '불가리아어'에 대한 최초의 언급은 11세기 후반에 오흐리드의 테오필락트가 쓴 오흐리드의 성 클레멘트에 관한 그리스 성인전에 나온다.

제2차 세계대전 직후, 모든 불가리아 언어학자와 외국인 동료 대다수는 마케도니아와 그리스 북부 일부 지역에서 사용되는 언어를 불가리아어의 방언으로 여겼다. 불가리아와 유고슬라비아의 새 공산주의 정부가 꿈꿨던 남부 슬라브 연방공화국이라는 아이디어는 마케도니아를 잃어버린 고리로 바꾸려는 정책으로 이어졌다.

1945년에 마케도니아어는 별개의 언어로 성문화되었으며 불가리아의 일시적인 인정을 받았다. 그러나 조셉 티토는 새 국가의 헌법과 마케도니아인의 지위와 관련하여 이견을 보였고, 스탈린은 발칸반도에서 강력한 연방이 탄생할 것을 두려워하여 이 아이디어를 지지하지 않았다. 1956년에 시작된 대대적인 정치적 변화(56쪽 참고) 이후 소피아는 별도의 마케도니아어가 존재한다는 사실을 부인했고, 지금까지도 일부 학자는 이 견해를 고수하고 있다. 그러나 현재 불가리아 밖의 학계에서는 마케도니아어가 독자적 언어라는 의견 일치를 보인다.

2007년 1월, 불가리아 키릴 문자는 유럽연합의 세 번째 공식 알파벳이 되었다. 2021년 인구 조사에 따르면 695만 명이 불가리아어를 모국어로 사용하고 있다고 한다. 이 숫자에 해외 거주자는 포함되지 않는다. 불가리아 과학아카데미[BAN]에 따르면 전 세계적으로 약 1,500만 명이 불가리아어를 사용하고 있다.

일상 언어

불가리아는 구어 위주의 문화를 가진 나라이다. 불가리아 사람들은 매우 수다스럽고 남의 말을 잘 듣지 않는 편이다. 끼어들지 않는 것이 예의라고 생각하지만, 때때로 끼어드는 것은 관심과 흥미의 표시로 받아들여지기도 한다. 회의, 세미나 또는 교육 세션의 진행자는 불가리아 청중을 상대할 때 두 가지 문제에 부딪힌다. 처음에는 아무도 발언하려고 하지 않다가 일단 수줍음을 극복하고 나면 말이 많아지기 시작한다. 따라서 동시에 여러 그룹이 열띤 논쟁을 벌이지 않도록 대화를 통제할 노련한 진행자가 필요하다.

대화할 때 언성이 높아지는 경우가 많아서 새로 온 사람들은 그들이 싸운다고 착각할 수도 있다. 불가리아인들은 조용히 말하는 경우가 드물다. 조용히 이야기하면 소통을 원하지 않으며 불안하거나 뭔가 숨기고 있다고 간주한다. 그러므로 하고 싶은 말이 있다면 부끄러워하지 말고 큰 소리로 말하자!

• 알아두면 좋은 정보 •

널리 사용되는 말 중에 오해를 부를 수 있는 몇 가지 표현이 있다.

다, 다 / 다 베 (그래, 그래) 이 표현은 "그래, 맞아"와 정확히 일치하지만 "설마"와 비슷한 불신의 표현이다.

미 시구르노 (음, 물론이죠) 이 표현은 불안감과 의심을 나타내며, 흔히 문자 그대로 확인이란 뜻으로 오해를 받는다.

슈테 비딤 (두고 보자) 이 문구는 듣는 사람에게 불확실하다는 인상을 남길 수 있다. 사실 이 문구는 기한이 없는 약속으로 해석해야 한다.

보디랭귀지

불가리아 사람들은 지중해 이웃 국가 사람들처럼 제스처를 많이 쓴다. 제스처에서 주의해야 할 가장 큰 차이는 '예'와 '아니요'를 나타내는 몸짓에 있다. 불가리아에서는 일반적으로 고개를 끄덕이면 '아니요'를, 고개를 좌우로 저으면 '예'를 의미한다. 이런 방식으로 '예'를 표현하는 제스처는 인도 아대륙에서도 간혹 찾아볼 수 있다. 하지만 지난 20년 동안 많은 불가리아인이 해외에서 공부하거나 오랜 기간 외국에서 일했기 때문에 '예'의 의미로 고개를 끄덕이고 '아니요'의 뜻으로 고개를 가로저을 수 있고 이 때문에 상황이 훨씬 더 복잡해질 수 있다. 확실히 하고 싶다면 불가리아어로 '예'(다)와 '아니요'(네)를 미리 익혀두는 것이 가장 좋다.

불가리아 사람들은 감정이 풍부한 편이어서 미소를 짓거나 얼굴을 찡그리고, 웃고, 인상을 쓰며, 제스처를 취하거나 행동을 취하면서 자신의 감정을 표현한다. 하지만 특정 상황에서 감정 표출의 수위는 대화 상대와의 관계에 따라 크게 달라진다. 아는 사람과 대화할 때는 감정적으로 반응할 수 있지만, 낯선 사람과 말할 때는 매우 비우호적이고 내성적으로 보일 수 있다.

눈 맞춤의 경우 낯선 사람의 눈을 몇 초 이상 쳐다보는 것은 예의가 아니다. 하지만 방금 만나서 대화를 시작한 사람이라면 이야기하는 동안 줄곧 눈을 바라봐야 한다. 그렇게 하는 것이 열린 마음과 선의, 존중을 보여주는 것이다. 가볍게 몸을 만지거나 키스하는 것은 친한 친구나 친척 사이에서만 허용된다. 서로 처음 소개받은 사람들은 악수한다. 친한 남자 친구끼리 만나도 악수를 한다. 남성이 동성인 친구와 키스하면 동성애자로 인식될 수 있고 현대 불가리아 사회에서 동성애는 보편적으로 받아들여지지 않기 때문에 부끄러운 일로 간주된다. 남성과 여성은 가족이나 아주 친한 친구인 경우에만 공공장소에서 서로의 뺨에 키스한다.

유머

외국인 대다수에게 불가리아 사람을 웃기는 일은 시간이 좀 필요하다. 문화, 인종 또는 기타 차이를 두고 농담을 하면 그 순간에는 재미있다고 받아들이겠지만 장기적으로는 관계에 영향을 미칠 수 있다. 불가리아 사람들은 자신을 비웃는 데 능숙하지만, 정치적으로 부적절한 농담을 자주 하므로 외국인들이 보기에는 유머 감각이 너무 직설적이고 때로는 모욕적이라고 느낄 수도 있다.

부패한 정치인, 멍청한 경찰, 성차별적인 농담, 롬인, 유대인, 아르메니아인과 같은 소수 민족에 관한 농담, 교활한 피터(히타르 페타르)나 쇼피(불가리아 서부 지역에 사는 사람들)와 같은 영리하고 교활한 민간전승 캐릭터 등 모든 것이 유머의 소재가 될 수 있다. 코미디와 풍자 쇼는 항상 인기가 많으며 코미디언은 불가리아 관객의 사랑을 받고 있다. 니콜라오스 치티리디스는 유명한 불가리아 코미디언이며 자신의 이름을 건 TV 쇼를 진행하고 있다. 코미디 클럽 소피아는 주로 불가리아 현지 코미디언을 초청하지만, 2019년 루이스 C.K.를 무대에 세우는 등 외국 스탠드업 코미디언이 가끔 공연하기도 한다.

• 그 얘기 들었어 … ? •

가브로보는 특유의 유머로 유명한 도시이며, 많은 현지의 농담이 가브로보 시민들의 인색함을 소재로 한다. 다음은 전형적인 가브로보 스타일 농담이다.

"가브로보 사람들은 왜 냉장고를 안 사?"

"문을 닫으면 불이 꺼지는지 확인할 수 없기 때문이야."

얼간이(보르치 또는 브라토브)는 불가리아 마피아 조직의 하급 조직원이자 경호원으로, 일반적으로 고급 승용차를 운전하고 멍청하며 때로는 매우 폭력적인 인물이다. 그들은 많은 불가리아 농담에 주인공으로 등장한다.

한 얼간이가 BMW를 타고 고속도로를 달리고 있는데 휴대폰이 울렸다.

"이봐, 지금 어디야?"

"지금 고속도로를 달리고 있는데, 왜요?"

"진짜 조심해, 방금 라디오에서 들었는데 어떤 미친놈이 고속도로에서 시속 300km로 역주행하고 있대."

"한 명이 아니라 수십 명이라고요!"

불가리아에서 쇼피 민족 집단의 이름은 조롱 섞인 별명으로 자주 쓰이며, 단순하고 거칠고 보수적인 남자 또는 교활하고 품위 없이 실용적이며 어떤 상황에서도 빠져나갈 수 있는 남자와 동의어로 사용된다.

한 여자가 연인에게 말한다.

"나네, 나는 당신이 나를 로미오처럼 갈망하고 오셀로처럼 질투하고 카사노바처럼 나와 사랑을 나누면 좋겠어!"

남자가 대답한다.

"페노, 내가 읽은 거라곤 『바스커빌 가문의 개』밖에 없어서 당신의 엉덩이를 물 수밖에 없어."

미디어

【 텔레비전 】

불가리아에는 국영 텔레비전 방송사(불가리아 텔레비전 방송공사)가 하나 있으며 BNT1, BNT2, BNT 월드, 이렇게 3개의 채널을 제공한다. 민영 텔레비전 회사는 bTV(6개 채널)와 NOVA 텔레비전이 있다. TV 채널은 치열한 경쟁을 벌이며 많은 자체 제작 시리즈물과 쇼, 인기 외국 시트콤을 방영한다. 불가리아 케이블 TV 유로콤은 '유로디코프'와 '어니스틀리' 등 유명 토크쇼를 다양하게 방영하는 인기 채널이다.

코로나19 팬데믹 기간에 매우 인기 있는 유튜브 및 페이스

북 채널이 탄생했고 정부의 지원과 통제를 받는 공식 텔레비전 채널과 차별화된 대안적 정보 출처에 목마른 수십만 명의 시청자가 이런 채널을 팔로우하고 있다(2022년, 불가리아는 세계언론자유지수에서 180개국 중 91위를 기록했다).

불가리아에서는 여전히 텔레비전이 '공식' 정보의 주요 출처지만(신문과 라디오가 그 뒤를 잇고 있음), 많은 사람이 그날의 주요 화제가 광범위하게 논의되는 소셜미디어 플랫폼에서도 정보를 얻는다.

【라디오】

1990년 이전까지 오랜 기간 불가리아인들은 국영 라디오의 2개 채널 호라이즌과 흐리스토 보테프를 청취했다. 현재 민영 라디오 방송국 다릭이 세 번째 채널로서 전국에 방송을 송출한다. 대대적인 정치적 변화로 인해 40개가 넘는 지역 라디오 방송국이 생겼으며, 그중 대다수는 재즈, 포크, 찰가(포크와 팝의 혼합) 등 특정 음악 스타일을 전문으로 다룬다.

【인쇄 및 온라인 미디어】

불가리아에는 오랜 전통의 저널리즘이 있고 국민은 언제나 신문을 열심히 읽어왔기 때문에 문화, 금융, 교육, 건강 및 웰빙에 관한 일간지, 주간지, 타블로이드, 전문 간행물 등이 넘쳐난다. 인터넷의 등장으로 스탠다트 뉴스(불가리아에서 세 번째 큰 신문사)를 비롯한 많은 일간지가 불가리아어/영어 이중 언어로 온라인판을 발행하고 있다. 불가리아 뉴스의 다른 온라인 출처로는 프로그 뉴스(문화, 스포츠, 관광), 주요 영어 뉴스 제공업체인 노비나이트(www.novinite.com), 미디어 타임스 리뷰(정치, 경제, 문화 온라인 잡지), 주간 영어 신문인 소피아 에코가 있다. 최근에 등장한 독립 뉴스 사이트 소피아 글로브(www.sofiaglobe.com)는 불가리아, 유럽 및 세계 뉴스에 대한 최신 영어 업데이트와 분석을 제공하고 있다.

인터넷과 소셜미디어

불가리아 사람들이 재빨리 인터넷을 받아들인 덕분에 현재 불가리아의 인터넷 속도는 스피드테스트 글로벌 지수에서 가장 빠른 10위권에 속한다. 소피아를 방문하면 무료 와이파이가 거의 모든 곳에서 제공된다는 사실을 알게 될 것이다.

불가리아의 온라인 서비스는 최근 몇 년 동안 크게 발전하여 현재 모든 은행과 공익 설비 공급업체가 온라인으로 서비스를 제공한다. 관공서에서도 대부분 온라인 서비스를 제공한다. 모든 정부 서비스는 영어 언어 지원이 되는 www.e-gov.bg에서 확인할 수 있다.

최신 EU 통계에 따르면 불가리아의 일일 인터넷 사용자는 490만 명으로 전체 인구의 약 71%에 달한다. 이들 중 430만 명(62%)이 어떤 형태로든 소셜미디어 계정을 보유하고 있다. 현지에서 가장 많이 사용하는 플랫폼은 단연 페이스북이며, 유튜브와 인스타그램이 그 뒤를 잇고 있다.

불가리아에는 여러 모방 SNS와 북마킹 사이트가 있어서 다가오는 이벤트와 뉴스 속보를 비롯해 불가리아에 관한 최신 정보를 확인할 수 있다. Svejo.net은 웹사이트, 동영상 콘텐츠, 사진을 공유하는 데 사용된다. 콘텐츠가 새롭고 흥미로운 경우 즉시 '프레시'(불가리아어로 스베조) 상태가 되고 사이트의 홈페이지에서 홍보된다. 웹사이트 www.lubimi.com('좋아하는 것들')은 다양한 블로그의 기사를 게시하는 데 유용한 소셜 네트워크로, 공유된 링크를 검색 엔진을 통해 팔로우할 수 있다. www.twist.bg와 같은 좀 더 소셜 지향적인 네트워크에서는 사용자가 링크, 뉴스, 동영상, 이벤트 목록을 공유할 수 있으며, www.idi.bg('Go')는 부킹닷컴의 불가리아 버전으로 휴양지와 휴가를 위한 다양한 장소를 제공한다. Vbox7은 유튜브의 불가리아 버전으로, 기업과 개인 사용자 모두 잘 사용하고 있다.

서비스

【전화】

비바콤 BTC(불가리아 통신사)는 불가리아의 국영 전화 서비스 제
공업체이다. 이 회사는 가정용 유선전화 회선의 다양한 패키
지와 시내, 장거리 및 국제 전화용 패키지, 장애인 요금 할인과
최저 요금제를 제공한다. 많은 사람이 유선전화 대신 휴대폰
을 사용하고 있다.

불가리아의 휴대폰 네트워크는 전국적으로 구축되어 있다.
휴대폰 사용이 널리 보편화되어 있어서 외국인이 휴대폰을 가
져와도 문제없이 사용할 수 있을 것이다. 하지만 로밍 요금을
아끼려면 예텔 불가리아(www.yettel.bg), A1(www.a1.bg), 비바콤(www.
vivacom.bg)과 같은 불가리아 휴대폰 사업자의 선불 SIM 카드를
구입한 후 불가리아 번호로 전화를 걸면 현지 요금을 적용받
을 수 있다. 잠금 해제된 휴대폰만 있으면 된다.

【우편】

불가리아의 우편 서비스는 점점 더 효율적으로 개선되고 있지
만, 특히 새로 지어진 불가리아 주택의 경우 여전히 주먹구구

식으로 배달되므로 많은 외국인이 현지 우체국에 사서함을 두고 있다. 봉투에 올바른 양식으로 주소를 기재하면 정확하게 배달될 가능성이 커진다. 일반적으로 그 양식은 우체국에 안내되어 있으므로 당신에게 우편물을 보낼 사람에게 그 양식을 설명해 두어야 한다. 다음 예시를 참고하여 주소를 기재하도록 한다.

플로브디프 4002(도시명과 우편번호)

63 카를 마르크스 거리(건물 번호 및 거리)

피터 파블로프(이름)

배송업체의 수도 증가하고 있다. DHL과 같은 기존의 글로벌 대기업 외에도 유로팻, 에콘트 익스프레스, 스피디와 같은 현지 민간 배송 서비스 업체들이 영업 중이다.

결론

고대 황금 보물, 장미 오일, 와인, 이 세 가지는 아름다운 불가리아의 고유한 문화를 상징한다. 유럽연합 회원국 중 막내인 불가리아는 지난 30년 동안 급격한 정치·경제적 변화의 롤러코스터를 타면서도 특유의 매력과 느린 삶의 방식을 유지하며 다방면으로 발전해 왔다. 불가리아 사람들의 외모와 아름답고 세련된 것을 좋아하는 성향 때문에 그리스인, 이탈리아인 또는 스페인 사람과 혼동하기 쉽지만, 그들의 현대성과 신체적 유사성 이면에는 깊은 전통 의식이 깔려 있다. 불가리아가 민주주의와 시장 경제로 나아가는 또 다른 구 공산주의 국가에 그치지 않고 매우 흥미로운 나라로 비치는 이유는 바로 이러한 전통이 살아 숨 쉬고 있기 때문이다. 전통은 수 세기에 걸친 외세의 지배 속에서 문화적 생존을 가능하게 한 불가리아의 비밀병기였으며, 지금도 불가리아인의 자부심과 국가 정체성의 주요 원천이 되고 있다.

불가리아 사람들은 자립심이 강하고 수완이 좋으며 실용적이다. 이런 역량은 외세의 지배와 독재 정권하에서 살아남기 위해 연마해야 했던 생존 기술이었다. 방문객은 때때로 불가리아인의 복잡한 특성을 이해하기 어려울 수도 있다. 불가리아 사람들은 외부의 영향에 유연하고 개방적이지만 위험을 회피하려 하고 개척자가 되기를 꺼리며, 순종적이거나 심지어 복종

하지만, 권위를 불신한다. 그들은 비관적일 때도 있지만 자녀에게 더 밝은 미래를 선사하고자 하는 열망은 절대 멈추지 않는다. 잘나가는 사람을 질투할 때도 있지만 자신의 목표를 달성하기 위해 평생 열심히 일한다. 부유하지는 않지만 마음과 집은 언제나 가깝거나 먼 곳의 친구들에게 열려 있다. 무엇보다 불가리아 사람들은 친구와 가족을 신뢰하고, 손님이 찾아오면 빵과 소금, 빨간 장미, 나무 잔에 담긴 스파클링 와인을 대접하며 환대한다. 『세계문화여행_불가리아』가 유럽 최고의 숨겨진 비밀 중 하나를 발견하는 데 도움이 되었기를 바란다.

【 커뮤니케이션 및 엔터테인먼트 】

Google Translate

카메라 기능을 사용하여 메뉴와 도로 표지판을 번역하거나 말하고 싶은 불가리아어 단어와 구의 발음을 찾아볼 수 있다.

Nova Play

불가리아의 Nova TV, Kino Nova, Diema и Diema Family의 프로그램을 제공하는 앱이다.

Voyo

영화, TV 영화, 스포츠 이벤트, 콘서트를 시청할 수 있는 유료 스트리밍 서비스이다.

Vbox7

유명한 불가리아의 동영상 공유 포털이다.

【 여행 및 교통 】

Bulgarito

불가리아에서 가장 인기 있는 여행지를 찾아볼 수 있다(안드로이드 전용).

Moovit

모든 주요 도시의 대중교통 시간표를 제공하는 노선 정보 앱이다.

Sinoptik.bg

가장 인기 있는 날씨 예보 앱이다.

TaxiMe

소피아에서 가장 인기 있는 차량 호출 서비스 앱이다.

【 음식 및 쇼핑 】

Glovo

소피아 및 기타 대도시에서 운영 중인 음식 배달 앱이다.

Grabo.bg

그루폰의 불가리아 버전이다. 외식, 엔터테인먼트, 의료 및 미용 서비스, 여행, 스포츠 바우처를 할인된 가격에 제공한다. 고객은 현금, 카드, ePay 또는 PayPal로 결제할 수 있다.

OLX.bg

불가리아의 이베이라고 할 수 있다. 300만 개에 가까운 광고를 보유한 불가리아 최대의 무료 포털이다.

Pazaruvaj

좋은 거래를 원하는 사람들을 위한 가격 비교 플랫폼이다.

Takeaway.com

불가리아의 주요 도시에서 음식 배달 서비스를 제공한다.

참고문헌

Charry, Frederick B. *The History of Bulgaria*. Westport, Connecticut: Greenwood, 2011.

Dasgupta, Rana. *Solo*. Boston: Houghton Mifflin Harcourt, 2011.

Daskalov, Roumen. *Debating the Past: Modern Bulgarian History from Stambolov to Zhivkov*. Budapest: Central European University Press, 2011.

Greenwell, Garth. *What Belongs to You*. New York: Picador, 2016.

Groueff, Stephane. *Crown of Thorns: The Reign of King Boris III of Bulgaria 1918–1943*. Aurora, Ontario: Madison Books, 1998.

Kaplan, Robert. *Balkan Ghosts: A Journey through History*. New York: Picador, 2005.

Kassabova, Kapka. *Border: A Journey to the Edge of Europe*. London: Granta Books, 2017.

Kassabova, Kapka. *A Street without a Name: Childhood and other Misadventures in Bulgaria*. New York: Skyhorse Publishing, 2009.

Konstantinov, Aleko. *Bai Ganyo: Incredible Tales of a Modern Bulgarian*. Madison: Wisconsin University Press, 2010.

Kostova, Elizabeth. *The Shadow Land*. New York: Ballantine Books, 2017.

Ovcharov, Dimiter. *Fifteen Treasures from Bulgarian Lands*. Sofia: National Museum of Bulgarian Books and Polygraphy, 2003.

Penkov, Miroslav. *East of the West: A Country in Stories*. New York: Farrar, Straus and Giroux, 2011.

Phoel, Cynthia Morrison. *Cold Snap: Bulgaria Stories*. Dallas, Texas: Southern Methodist University Press, 2010.

Simeon II of Bulgaria. *A Unique Destiny: Memoirs of the Last Tsar of Bulgaria, Prime Minister of a Republic*. Mechanicsburg, Pennsylvania: Stackpole Books, 2021.

Borina publishing house (www.borina.com) offers a variety of illustrated books about Bulgarian culture, history, geography, and the arts.

지은이

줄리아나 츠베트코바

학문 및 이문화(異文化) 지능 훈련 전문가이다. 불가리아에서 태
어나고 교육받은 줄리아나는 소피아대학교 고전 및 현대 문헌학
부에서 석사 학위를 받았다. 졸업 후 번역과 통역, 연구 활동을 해
왔으며 불가리아 텔레비전 방송공사에서 일했다. 1998년에 가족
과 함께 캐나다로 이주하여 센테니얼 칼리지 커뮤니케이션 학부
에 합류했다. 센테니얼 소속으로 20년 넘게 전 세계를 두루 다니
며 일했고 두바이에서 이문화 훈련 경력을 쌓기 시작했다. 현재
자신의 이문화 및 교육 작업을 글쓰기에 접목하고 있다. 백과사전
에 기고하여 정보를 제공했으며 『유럽의 대중문화』와 『세계 문화
여행-캐나다』를 썼다.

옮긴이

금미옥

서울외국어대학원대학교 한영통번역학과를 졸업하고 글밥아카데
미 출반번역 과정을 이수했다. 현재 바른번역 소속 전문 번역가로
활동하고 있으며 『앞으로 100년』을 공역했다.